四川省社会科学规划项目（SC19EZD032）

社会治理视域下
刑事损害赔偿权多维研究

鲁润芫◎著

经济日报 出版社

图书在版编目（CIP）数据

社会治理视域下刑事损害赔偿权多维研究／鲁润芫
著. —北京：经济日报出版社，2022.8
ISBN 978-7-5196-1137-8

Ⅰ.①社… Ⅱ.①鲁… Ⅲ.①刑事诉讼—赔偿—研究
—中国 Ⅳ.①D925.204

中国版本图书馆 CIP 数据核字（2022）第 128624 号

社会治理视域下刑事损害赔偿权多维研究

著　　者	鲁润芫
责任编辑	门　睿
责任校对	王阿林
出版发行	经济日报出版社
地　　址	北京市西城区白纸坊东街 2 号 A 座综合楼 710（邮政编码：100054）
电　　话	010-63567684（总编室）
	010-63584556（财经编辑部）
	010-63567687（企业与企业家史编辑部）
	010-63567683（经济与管理学术编辑部）
	010-63538621　63567692（发行部）
网　　址	www.edpbook.com.cn
E－mail	edpbook@126.com
经　　销	全国新华书店
印　　刷	三河市龙大印装有限公司
开　　本	710×1000 毫米　1/16
印　　张	9.75
字　　数	150 千字
版　　次	2022 年 8 月第一版
印　　次	2022 年 8 月第一次印刷
书　　号	ISBN 978-7-5196-1137-8
定　　价	48.00 元

目　录

摘　要

在传统的刑事制度设置上，无论是在侦查还是审判阶段，都倾向于对犯罪人进行保护，侧重对犯罪人权益的维护。相应地有很长一段时间，被害人的权利或者需求并未获得理论和立法上的重视。因此，本文以刑事被害人的损害权益保护作为研究基点，以社会治理为视角，对我国被害人权益保障的获赔权完善进行研究。

我国刑事被害人损害赔偿权益主要通过附带民事诉讼制度、追缴退赔制度予以保障。本文以附带民事诉讼制度为切入点，通过法律规范、学术论点的梳理，以及域外被害人保护制度的纵向比较，并通过第2章的取样实证分析，得出了一个结论：司法解释限制附带民事诉讼的范围非但没有达到预期的制度目的，反而剥夺了被害人获得救济的途径，并且超越了司法解释的职能范围。单一的损害赔偿制度都有各自的缺陷与不足，因此要实现对被害人损害赔偿权益的保障就需要重新矫正刑事司法改革的修复性司法理念，以此树立修复式正义的被害人保护制度基调。通过实证分析中凸显出的问题，以及对域外被害人保护经验的借鉴，重新在政府政策层面提起重视，建立专门的被害人权益保障法律规范，提升被害人保护地位。正确处理附带民事诉讼制度与替代措施制度、和解与调解等制度的关系。在厘定被害人保护的理论模式的同时，构建与完善多主体、多维度的我国刑事被害人保护体系。

第1章 引 言

1.1 概述

刑事被害人获得损害赔偿权益保护的主要途径为附带民事诉讼制度，因此本文以附带民事诉讼制度为研究切入点，引出问题，展开论述。附带民事诉讼，根据法律的规定可总结为在刑事司法程序当中，在对犯罪人进行裁判的同时，由检察机关或者被害人，以及被害人的近亲属、法定代理人提起的，对犯罪人犯罪行为所导致的物质损害，要求其予以赔偿的制度。而附带民事诉讼的提起范围，一般是指刑事诉讼程序中，哪类犯罪行为或损害类型可以提起附带民事诉讼，即可由附带民事诉讼调整的范围。根据《中华人民共和国刑事诉讼法》（以下简称《刑诉》）第101条规定，提起附带民事诉讼需要以被告人行为构成犯罪为前提，且犯罪人的行为使被害人产生了一定的经济损失，同时要求该犯罪行为与被害人的经济损失之间具有因果关系。一般理论上将被害人的损失区分为物质上之损失与精神上之损失，学界通说一般认为对于被害人的精神上之损失应当排除在附带民事诉讼的规范范围之外。对精神损害是否应当属于附带民事诉讼赔偿范围素有争议，①但是囿于篇幅的限制，本研究只围绕物质损失展开，即司法解释限缩附带民事诉讼的范围，是否达到了其更加高效地修复被害

---

① 参见叶青.刑事诉讼法学［M］.上海：上海人民出版社，2020：290；易延友.刑事诉讼法［M］.北京：法律出版社，2013：390.

人损失的民事权利的制度目的。

面对司法解释对附带民事诉讼制度范围的压缩问题，本文通过法律规范梳理、学术观点综述，以司法实践实际效果为基础，论证司法解释限制附带民事诉讼制度范围的必要性和合理性。通过实证分析，总结了一个基本情况，即通过替代措施限制附带民事诉讼制度的范围并未达到其司法解释的预设效果，甚至一定程度上阻碍了被害人民事权利的维护和保障。且被害人对不甚理想的附带民事诉讼判决时常无能为力，检察机关无权进行抗诉，外部监督缺失，更不用说限制附带民事诉讼范围是否超越了司法机关的司法解释职能范围。因此，要实现被害人权利保障，应当重构附带民事诉讼理论体系，对附带民事诉讼与替代措施进行重新定位，转变工作思路，通过探索刑事和解、刑事调解等制度多维度保护被害人获得损害赔偿的权益。

1.2　现行法规定

1979 年版《刑诉》正式确立了附带民事诉讼制度，虽囿于时代的因素，1979 年版《刑诉》存在许多缺陷，但是立法者设置了附带民事诉讼制度，强调了对被害者的保护，对我国建立健全被害人救济制度体系功不可没。1996 年版《刑诉》经过了较大幅度的修改，但保留了附带民事诉讼制度。为了适应时代发展的需要，最高人民法院（以下简称最高法）陆续出台了有关附带民事诉讼的司法解释，[①] 形成了我国保护被害人的附带民事诉讼制度框架。

---

① 注：《最高人民法院关于审理刑事附带民事诉讼案件有关问题的批复》《最高人民法院关于刑事附带民事诉讼范围问题的规定》《最高人民法院关于人民法院是否受理刑事案件被害人提起精神损害赔偿民事诉讼问题的批复》《最高人民法院关于在审理经济纠纷案件中涉及经济犯罪嫌疑若干问题的规定》《最高人民法院关于严格执行案件审理期限制度的若干规定》。

《刑诉》第 101 条、第 102 条、第 103 条、第 104 条组成了我国现行附带民事诉讼制度的原则性基础，最高法以此为中心，对其保护范围、主体范围、执行等内容通过最高法的司法解释予以细致化的规定。

（一）《刑诉》第 101 条对于附带民事诉讼的规制范围予以规定，被害人可以对犯罪人犯罪行为所致的"物质损失"，在刑事程序中提起损害赔偿之诉，即只要遭受了该类型的损失，就可以适用《刑诉》关于附带民事诉讼的规定，故从犯罪人的犯罪行为层面考量，被害人因犯罪人的犯罪行为所遭受的"经济损失"或者"物质损失"都可以通过提起附带民事诉讼予以填补。从被侵害的权益范围角度来说，包括人格权、人身权、财产权，附带民事诉讼受案范围较广。结合《刑诉》第 12 条的禁止无罪推定原则，以及《最高人民法院关于适用〈中华人民共和国刑事诉讼法〉的解释》（以下简称《刑诉解释》）第 184 条的规定，附带民事诉讼中的犯罪行为特指"被指控的犯罪行为"，而非经过人民法院裁判的犯罪行为。[①] 因此，在狭义的法律层面，只要被害人产生的物质损失是由被告人的犯罪行为导致的，无论该犯罪行为是否确定有罪，都可以作为原告提起损害赔偿请求的依据。

我国刑事诉讼法对附带民事诉讼的规制范围规定，受到了最高人民法院关于附带民事诉讼的司法解释的限缩性规定，即被害人因人身权益受到犯罪行为侵犯而导致物质损失或财物被犯罪行为损毁而产生物质损失，才可提起附带民事诉讼。从被害人层面来看，具有人身权益的一般只有自然人，遭受经济损失的单位就自然被排除在附带民事诉讼之外。同时该司法解释限缩了被侵害的权利类型，将被害人人格权遭受的损害排除在外。因此附带民事诉讼具体案件类型主要集中在《中华人民共和国刑法》（以下简称《刑法》）第二章至第六章中。

（二）我国《刑诉》第 101 条、《刑法》第 36 条对附带民事诉讼的赔偿范围进行了规定，虽然采取了具有不同语义的表述形式，有的法条中表

---

① 参见刘金友，奚玮. 附带民事诉讼原理与实务 [M]. 北京：法律出版社，2005：65-68.

述为"经济上之损失"，有的规定则表述为"物质上之损失"或者"财产上所受之损失"，① 但是在附带民事诉讼范围内，前述形式上不同的表述均为同一逻辑语义，① 即该损失需要与犯罪行为具有因果关系，且是已经遭受到的损失，或一部分必然遭受的损失，但针对附带民事诉讼的赔偿范围仍然有以下问题需要厘清。

（1）根据《刑法》第64条的规定，公检法在面对财产型犯罪（诈骗、抢劫、侵占等）时一般采取追缴或责令退赔的方式来弥补被害人的损失。对于这类案件一般不按照附带民事诉讼的方式处理，而通过附带民事诉讼制度的立法本意可知，旨在对被害人因犯罪行为而遭受的物质损害予以救济，然而在此需要回答的第一个问题即是通过犯罪行为而获得被害人的财物的是否可适用附带民事诉讼制度。一种观点从制度文义以及司法效率上认为犯罪行为导致的物质损失并不包括通过犯罪行为获得的物质利益。《刑法》第64条只调整前者，而对于后者只能通过附带民事诉讼制度予以解决。同时，若将《刑法》第64条规定的类型的犯罪适用民事诉讼制度解决，那么在走私等犯罪案件中，无人提起附带民事诉讼，那么犯罪分子获得的财物就无法追缴。因此将追缴赃物等适用附带民事诉讼制度解决不妥当，公检法直接行使职权追缴退赔更便捷，更有利于保护被害人的权益。而有学者从另一个角度提出，被害人是因为遭受到了犯罪人犯罪行为的侵害，而致产生了财产上的减损，理应可通过附带民事诉讼程序予以解决。刑法第64条规定追缴退赔措施实质上即是民法中的返还财产、恢复原状、赔偿损失，主要核心问题仍然是民事问题，当然可以适用附带民事诉讼制度予以处理。同时，若仅仅依靠公检法在侦查、审查起诉阶段对赃款赃物予以处理，不可避免地会出现程序不当、处事不公、与后续裁判相矛盾的问题。既然本属同一问题，那么将通过犯罪行为而获得的被害人财物纳入附带民事诉讼范畴予以处理更加有利于树立司法严肃性，同时有利于对被害人权益的保护。②

---

① 叶青. 刑事诉讼法学 [M]. 上海：上海人民出版社，2020：284.
② 叶青. 刑事诉讼法学 [M]. 上海：上海人民出版社，2020：285-287.

本文也倾向于后一种观点，即不宜将因犯罪行为获得的被害人财物排除在附带民事诉讼范围之外。首先，将财产型犯罪受到的损失适用附带民事诉讼程序解决是世界通行的惯例，如德国刑法第 403 条规定原告可向被告提出因犯罪行为导致的财产权的请求权。奥地利刑诉法第 369 条也规定附带民事诉讼的范围包括侵夺被害人的财物等。其次，我国狭义法律层面均将附带民事诉讼的范围定为"因犯罪行为造成的物质损失"，并未进行限缩规定。最后，对于《刑法》第 64 条规定的案件类型，在公检法运用职权予以处理后，被害人在审判阶段认为自己的损害未得到全面弥补的，赋予其提起附带民事诉讼的权利，由人民法院予以审查，若确有损失未得到赔偿的，予以赔偿；若已得到全部赔偿，则驳回起诉，使整个制度衔接更加圆满、对被害人的保护更加全面。

（2）根据《刑法》第 36 条、《刑诉》第 101 条的规定，因犯罪人的犯罪行为致使被害人造成财产损失的，可以就该损失提起损害赔偿之诉，该损失通常为直接损失，如故意损毁被害人房屋的故意毁坏财物罪。同时可能是间接损失，如偷盗某厂电缆导致该厂停产停工的经济损失，只是该损失是犯罪行为损害物质条件这个媒介所导致的。直接造成的损失没有争议，间接损失的争议一直存在，主要分为两种观点。两种观点都认为法律法规对于损失究竟是间接损失和直接损失没有做明确规定，同时都认为间接损失与直接损失容易混同，间接损失计算标准不易把控，只是反对间接损失为附带民事诉讼赔偿范围的观点认为：损失若要获赔需要具有直接因果关系，然而该论点在法律上并未有实质依据，同时在该未有法律实质依据的基础上提出，间接损失不易计算，且多超过犯罪嫌疑人的赔偿能力范围。赞同间接损失为附带民事诉讼赔偿范围的观点则认为：间接损失并非全然都不赔偿，《最高人民法院关于刑事附带民事诉讼问题的规定》第 2 条规定即包括了必然遭受的损失。同时《最高人民法院关于审理人身损害赔偿案件若干问题的解释》中亦列举了赔偿范围，包括误工费、交通费、营养费、被扶养人生活费、后续治疗费等，赔偿范围包括了直接损失，也包括了间接损失，且决定是否赔偿的关键应在于被害人的合法权益是否受到损害，而非因计算困难无法统一标准就一律予以排除。

（3）附带民事诉讼的当事人分为原告人和被告人。其中根据《刑诉》第 101 条的规定，原告人包括：①刑事案件中的被害人，包括自然人和单位、机关、团体等组织。②被害人的近亲属或法定代理人。若是被害人因为犯罪行为死亡，其近亲属依照"全面继承"之原则，当然为继承被害人之权利之人，包括诉讼上之权利，也当然囊括了被害人因犯罪行为所致损害的损害赔偿请求之诉讼的权利。对于法定代理人而言，主要是为无民事行为能力或限制民事行为能力的被害人，此时法定代理人补足被害人诉讼行为能力的缺陷，以被害人诉讼代理人的身份并以被害人之名义提起附带民事诉讼。③人民检察院。人民检察院为公诉机关，在国家、集体的财产因犯罪行为而受有损失时，若受有损失的单位明知而未提起附带民事诉讼的，为防止国家和集体的利益受损，检察机关作为法律监督机关可在提起公诉的同时提起附带民事诉讼。需要注意的是，若提起附带民事诉讼后单位又主动提起附带民事诉讼的，该单位应为该程序之中的原告，人民法院应该将其地位列明。同时依照法律规定告知相关的检察院，应撤回附带民事诉讼之请求。在检察院代表国家履行法定的监督职责之时，在履职过程中提起附带民事诉讼时，虽然是民事案件的起诉者，具有形式上原告的意义，但实质上检察机关并非为民事或刑事案件的原告人，仅为法律监督机关，因此其并未替代自然人、企事业单位作为附带民事诉讼原告人的法律地位。① 我国附带民事诉讼的被告人需要满足以下条件：被告人的犯罪行为导致被害人遭受物质损失，需要在法律上承担赔偿责任，且被被害人提起附带民事诉讼。因此刑事被告人主要包括：刑事被告人本人、未成年人的监护人、机关事业单位的工作人员、犯罪人的遗产继承人（包括实质上的继承人，也包括在进行共同犯罪的案件之中，其他已经死亡的犯罪人的遗产上的继承人），以及未被追究刑事责任的其他共同侵权人。在共同致害的案件中，并不是所有人都承担刑事责任，其他共同致害人是否构成犯

① 参见：陈卫东. 中国刑事诉讼权能的变革与发展［M］. 北京：中国人民大学出版社，2018：519；叶青. 刑事诉讼法学［M］. 上海：上海人民出版社，2020：280.

罪并不影响其成为附带民事诉讼的共同被告人，包括共同致害但是根据法律规定、未达刑事责任年龄而未被追究刑事责任的未成年人，由于"犯罪情节显著轻微"，共同致害但是根据法律规定、未被公安机关立案侦查之人，以及检察院根据法律规定认为在共同侵害的案件中可不起诉之人。

1.3 附带民事诉讼制度的理论争议

通过对与该选题相关的论文进行检索，2000 年以前，关于附带民事诉讼的适用范围的争议很小。随着我国 2000 年《最高人民法院关于刑事附带民事诉讼范围问题的规定》的出台，伴随着对其法律适用问题展开了激烈的辩论。而到目前为止，围绕着这一问题展开的讨论还没有结束。通过数据库检索，与本选题相关的论文 1990—2018 年共计 1013 篇，其中博士学位论文仅 5 篇（高向武，2007；牛锋，2011；申莉萍，2012；毛煜焕，2015；苏忻，2015)[①]，反映出针对该课题的深层次研究较少，且随着 2018 年《刑诉》的修正，多数论文已滞后于立法和司法实践。为了明确所研究问题，就有必要先行对国内外研究现状进行梳理。

1.3.1 刑事附带民事诉讼留存之争论

关于刑事附带民事诉讼是否需要废止的争论由来已久，主要观点如下：一是，主张保持现有刑事附带民事诉讼制度。侧重于完善该制度，使其成为

---

① 高向武. 附带民事诉讼研究［D］. 北京：中国政法大学，2007：54；牛锋. 民刑法关联问题研究［D］. 吉林：吉林大学，2011：89；申莉萍. 我国犯罪被害人损害救济法律问题研究［D］. 重庆：西南政法大学，2012：96；毛煜焕. 修复性刑事责任的价值与实现［D］. 上海：华东政法大学，2015：10；苏忻. 刑事被害人损害赔偿权保护研究［D］. 吉林：吉林大学，2015：12.

"恢复性司法"的重要保障（刘金友、奚玮，2005；王玮，2019）；① 还有学者主张保持刑事附带民事诉讼制度的同时，应当对"先刑后民"模式进行改革与创新，从"先民后刑"角度入手（王中学、高曙光，2010；赵青，2010；李丽，2010)② 也有学者认为刑民并行、先民后刑、先刑后民，需要根据不同案件类型，采取不同诉讼模式，但是该类主张对于如何衔接、可操作性等问题未做进一步探讨（江伟、范跃如，2005；陈光中，2018)③ 还有学者对以上三种观点进行了评述（陈瑞华，2016)④ 二是，认为刑事附带民事诉讼在理论和实践中都无存在必要，刑事、民事合并审理并未达到制度预期的效果，但是此类观点并未对如何剥离刑事、民事责任进行深入分析（郑丁足，2002；胡良平、陈满生，2003)⑤。

1.3.2 刑事附带民事诉讼范围理论研究

围绕着刑事附带民事诉讼范围是否应予以司法限制的观点，主要体现如下。

一是，支持司法限制附带民事诉讼范围，主要从三个方面考量：（1）附带民事诉讼同时支持精神损失赔偿请求与其他赔偿请求，有双重处罚之嫌疑，且人身损害、财物毁坏已能满足受害人的基本赔偿需求，所以在赔

---

① 刘金友，奚玮. 附带民事诉讼原理与实务［M］. 北京：法律出版社，2005：81；王玮. 刑事附带民事诉讼范围实证研究——以S省H市两级法院为例［M］. 北京：法律出版社，2019：132.

② 王中学，高曙光. 博兴"立体调解"模式妥处家庭纠纷［N］. 人民法院报，2010-05-08（5）；李丽. 涉嫌交通肇事犯罪案件先民后刑探析［J］. 长治学院学报，2010（3）：11-12.

③ 江伟，范跃如. 民事行政争议关联案件诉讼程序研究［J］. 中国法学，2005（3）：165-173；陈光中，肖沛权. 刑事诉讼法修正草案：完善刑事诉讼制度的新成就和新期待［J］. 中国刑事法杂志. 2018（3）：3-14.

④ 陈瑞华. 刑事诉讼的前沿问题［M］. 北京：中国人民大学出版社，2016：596-622.

⑤ 郑丁足. 附带民事诉讼制度存废探讨［J］. 内蒙古师范大学学报. 2002（2）：4；胡良平，陈满生. 附带民事诉讼程序检讨［N］. 法制日报，2003-01-11（1）.

偿类别上，司法解释保持了必要的"自我克制"，应予以支持（康玉梅，2012)[①]。（2）赔偿额度高，被告人无力负担，到位率低，不利于矛盾化解，尤其肯定了 2012 年修订后的《刑诉》以及《刑诉解释》第 155 条将死亡赔偿金、残疾赔偿金（以下简称"两金"）排除在附带民事诉讼范围之外的做法（田源，2017)[②]，且若被告无赔偿能力，形成"空判"，易导致新的纠纷发生（盖燕，2001)[③]。（3）过分拖延刑事审判程序，效率较低（田源，2017；单其满，2013；江必新、胡云腾、王轶，2021)[④]。总之，支持司法解释予以限制的理由主要在于效率性、专业性以及执行效果三方面。

二是，反对司法限制附带民事诉讼范围，主要理由如下：（1）从立法层面来看，刑法、刑事诉讼法都并未对附带民事诉讼进行限缩规定（刘璐，2003；刘金友、奚玮，2005)[⑤]，并明确规定附带民事诉讼的范围为"被害人由于犯罪行为而遭受的物质损失"，且是否提起附带民事诉讼的选择权赋予了被害人。对于过分拖延结案程序的质疑，可以通过排除复杂、权利义务关系不明的案件进入诉讼来解决，故将财产型犯罪纳入附带民事诉讼范围有利于提高诉讼效率（王玮，2019)[⑥]。（2）从公平原则层面来

[①] 康玉梅. 刑事附带民事诉讼的赔偿范围探讨 [J]. 湖北社会科学，2012（4）：160-164.

[②] 田源. 刑事附带民事诉讼"两金"赔偿问题研究 [J]. 法学论坛，2017，32（2）：120-126.

[③] 盖燕. 对附带民事诉讼的本质特征及赔偿原则的再认识 [J]. 青岛行政学院学报，2001（5）：151-152.

[④] 田源. 刑事附带民事诉讼"两金"赔偿问题研究 [J]. 法学论坛，2017，32（2）：120-126；单其满. 刑事附带民事诉讼赔偿范围探析 [J]. 学理论，2013（35）：122-123；江必新，胡云腾，王轶. 刑行民交叉疑难问题研究 [J]. 中国法律评论，2021，42（6）：1-23.

[⑤] 刘璐. 刑事附带民事诉讼物质损失赔偿范围研究 [J]. 人民检察，2003（6）：23-26；刘金友，奚玮. 附带民事诉讼原理与实务 [M]. 北京：法律出版社，2005：92-100.

[⑥] 王玮. 刑事附带民事诉讼范围实证研究——以 S 省 H 市两级法院为例 [M]. 北京：法律出版社，2019：141.

看，犯罪行为带来的痛苦往往比民事侵权更甚，民事侵权层面予以赔偿、而刑事层面不予赔偿有违公平之理念（李强国，2001；庄乾龙，2020）①。（3）仅仅以"空判"，就对附带民事诉讼范围予以限制，实际上是以牺牲被害人合法权益为代价换取所谓的效率，而范围的限缩是否能达到预期的目的还未可知（陈瑞华，2009；张新宝，2010；谢佑平，2016）②。

1.3.3 刑事附带民事诉讼替代措施理论争议

最高法通过司法解释引入替代措施（追缴赃款赃物、责令退赔），进一步限制附带民事诉讼案件范围这一举措，理论界多是持批判态度。具体观点如下：替代措施缺乏立法根据，程序上也有缺陷。替代措施是司法机关的职责，不需要被害人或公诉机关提起申请，更不能替代民事责任解决方式的功能（褚玉龙，2001）③。其剥夺了调解解决矛盾的可能性，对于被告以外的负赔偿责任的第三人无法直接判决退赔（李强国，2001；庄乾龙，2020）④。以防止刑事案件过分延迟为由，将此部分损失排除在刑事审判救济范围之外，不符合刑事附带民事诉讼制度的设立目的，另行起诉实则增加了司法负担（刘璐，2003）⑤。

同时，针对本研究的学术专著凤毛麟角，《附带民事诉讼原理与实务》

---

① 李强国. 人民法院不应限制刑事附带民事诉讼受案范围 [N]. 江苏公安专科学校学报, 2001 (3)：94-98；庄乾龙. 刑事案件中大数据整合行为定性及其适用规则 [J]. 法学杂志, 2020, 41 (12)：44-54.

② 陈瑞华. 刑事诉讼的前沿问题 [M]. 北京：中国人民大学出版社, 2016；621；张新宝. 设立大规模侵权损害救济（赔偿）基金的制度构想 [J]. 法商研究, 2010, 27 (6)：23-27；谢佑平. 论以审判为中心的诉讼制度改革——以诉讼职能为视角 [J]. 政法论丛, 2016 (5)：109-115.

③ 褚玉龙. 对最高人民法院《关于刑事附带民事诉讼范围问题的规定》的一点质疑 [J]. 律师世界, 2001 (4)：32-33.

④ 李强国. 人民法院不应限制刑事附带民事诉讼受案范围 [N]. 江苏公安专科学校学报, 2001 (3)：94-98；庄乾龙. 刑事案件中大数据整合行为定性及其适用规则 [J]. 法学杂志, 2020, 41 (12)：44-54.

⑤ 刘璐. 刑事附带民事诉讼物质损失赔偿范围研究 [J]. 人民检察, 2003 (6)：23-26.

（刘金友、奚伟，2005）是目前查到的唯一一部关于附带民事诉讼的专著，《刑民交叉案件审理的基本思路》（何帆，2007），以专章的形式对附带民事诉讼制度展开了论述。两本专著的共同点是都侧重于规范研究，使研究一定程度上被局限于预设的价值层面。实证研究具有代表性的是东营市中级人民法院（2007），其课题组针对附带民事诉讼归纳了审判实践中存在的问题，从立法、司法、配套制度设计方面提出了建议，探索了刑事和解制度、国家补偿制度的可行性，但该课题组对实证研究中样本选取、统计方法未做具体说明，是否合理无法核验；同时研究内容多为技术层面，制度层面的问题尚未涉及，成为两大遗憾。

1.3.4　国外相关研究梳理及动态

欧美国家在刑事诉讼中多允许就物质损失提起诉讼。法国 1808 年通过《刑事诉讼法》的第 2 条、第 3 条，确立了接近现代内涵的附带民事诉讼制度，并对其适用范围在法律上予以明确，包括被害人因犯罪遭受的身体、物质、精神上的损害，也包括因犯罪而被隐匿、移转、窃取或扣押的财产损害，以及因提起刑事诉讼所支出的费用。被害人既可以提起损害赔偿，也可要求返还财产或恢复原状。其他大陆法系国家也多做出同样的规范，如《德国刑事诉讼法》第 403 条第 1 项、《奥地利刑事诉讼法》第 369 条、《意大利刑事诉讼法》第 74 条规定，刑法典中第 185 条。

英美法系国家，1870 年，英国《没收法》确立了附带民事制度的管辖范围，法院可以对被告人进行处罚，并通过补偿令，要求其对被害人受到的损害进行填补。到了 1972 年，《刑事审判法》还规定了对身体损害的补偿。美国由于采取刑事诉讼与民事诉讼完全分立的立法模式，没有专门的附带民事诉讼制度，但是 20 世纪 60 年代以来，从美国个别州允许被害人直接向刑事法官申请赔偿，到 1982 年美国通过立法规定联邦法院可对犯罪人在法定刑罚外处以赔偿来代替刑罚，改变了刑民完全分立的做法。

综上所述，大陆法系、英美法系国家已有较为完善的刑事损害赔偿制度，相关研究文献并不多，但受"恢复性司法"兴起的影响，对传统的诉讼理念产生了一定的冲击（王一俊，2010）①。恢复性司法理论持有者认为恢复性司法有利于促进对犯罪的防御（Latimer，2005）②。从实证分析角度来看，也有利于抚慰被害人的心理创伤（Davis，2008）③，且被害人借以参与程序，使被害人有机会为自身争取更多的利益（Greenwood，2010）④，但也有学者表达了在对恢复性司法的推崇下，司法积极性是否会因和解制度的运用而被消磨的担忧（Elias，2017）⑤。

1.3.5　本书研究的正当性基础

本书区别于已有研究最主要体现在：两种研究路径齐头并进。不单一从现行法律规范出发，探析限制附带民事诉讼范围的司法解释是否具有正当性、合法性，也从实证路径上，基于公安、法院、院系大数据平台接口，以及与样本单位的长期合作平台，提供的较为及时、准确的数据来源，利用实证分析工具，以现行规范为基础，合理地构建符合我国实际情况的附带民事诉讼制度，使其在符合"宽严相济"的刑事政策理念的前提下，在惩罚犯罪行为的同时，充分发挥其保护被害方的合法权益、缓解社会矛盾、树立司法权威的价值功能已成为当务之急。

从宪法层面来看，在过去域外以及域内的研究中，对被害人权益的保护，或者说是损害赔偿权益的保护的研究甚少。《世界人权宣言》的第1条，就明确了每个人在人格与权利上都平等。而对此类权益的保障，是国

---

① 王一俊. 刑事和解 [M]. 北京：中国政法大学出版社，2010：34-60.

② Latimer, J. The Effectiveness of Restorative Justice Practices：A Meta-Analysis [J]. The Prison Journal, 2005, 85 (2).

③ Davis R C, Mulford C. Victim Rights and New Remedies [J]. Journal of Contemporary Criminal Justice, 2008.

④ Umbreit M S, Greenwood J. National survey of victim offender mediation programs in the United States [J]. Mediation Quarterly, 2010, 16 (3).

⑤ Robert Elias. Victims of the System：Crime Victims and Compensation in American Politics and Criminal Justice. Routledge, 2017.

家行使权力的义务。损害赔偿权益的保障直接关涉到被害人人格利益之实现，而对人格利益的保障是宪政的核心价值，是宪法上最基本的原则。尊严，是任何价值都无法比拟或者作为对照的，是人的本质，是人享有尊严的基点。[①] 这一观点，引起了研究者对人的本质的理解与对现行制度的反思，即开始细究对被害人的相关制度的设置是否仅仅把被害人作为研究客体予以对待，一味地追求程序效率，忽视了被害人作为人应当保有的尊严，也向研究者提供了反思的路径——在现有制度下，被害人的价值是否在不断地被消磨。受此类观点影响，立法者或者学者逐渐意识到了要关注人之本身，要在进行制度设计时，融入人的权利保护理念。在此种理念觉醒的支配下，域外逐渐将被害人的权利提升至了基本权利的地位，并且矫正了被害人仅作为证人的观点，认为被害人并不是完成刑事程序的手段或者课题，而是为了保障被害人作为人之本身而完整存在。我国宪法条文虽然并未如德国等国家，将被害人权益上升为基本权利，但是从基本权利保障范围观察，被害人的自身权利完满状态亦是我国宪法之所追求。犯罪人实施的犯罪行为使被害人受有损害，该损害大多造成被害人的财产、人身等权益受损。这些权利都与宪法所保障的公民的基本权利相吻合。因此被害人在遭受到相关权利的损害之时，应当给予被害人捍卫自身权利的机会和途径，使其享有对案件是否起诉，以及选择什么程序进行权利维护留有一定的自主决定的空间和机会。然而，由于长时间以来受重刑轻民理念的影响，对犯罪人的预防和惩罚一直占据着实践的主导地位，对于被害人在法律上的地位似乎仍然是调查证据、行使权力的工具和手段，并未将其作为权利的主体看待，更有甚者将其作为行使刑罚权的工具。因此，基于人格尊严维护理念的支撑，应当矫正只把被害人作为行使刑罚权工具的制度做法，应当回归人之本身，恢复其应有的权益。以刑事损害赔偿权的行使为例，赋予被害人选择通过附带民事诉讼制度、替代措施制度，以及单独提起民事侵权损害赔偿之诉填补因犯罪行为受有的损失的权利。

---

① 康德. 道德形而上学 [M]. 北京：中国人民大学出版社，2013：40-80.

　　注重对被害人权益的维护，也符合社会契约论的观点。社会契约论认为，人民与国家缔结契约，使人民在遭受侵害的时候，通过国家之力量获得自身受损权益之圆满，以此避免陷入自我防卫、同态复仇的境地。从另一侧面也要求国家在人民无力维护自身权益之时，肩负起保障人民不受暴力犯罪侵害的义务，这也是人民与国家缔结的由国家占有刑罚权契约的应有之意，同时与公平正义的法理念相契合。该法理念强调在面对社会的不平时，需要确保机会平等，令主体的地位公平、均等，以此确保机会和条件平等。同时秉持差异性原则，使社会关系中处于最不利境地的成员能获得最大利益，只有严格遵循正义原则，才能实现真正的公平正义之法理念要求。要避免以社会不平等或者处境最不利境地之群体为借口，侵害平等这一基本权利之实现，不得剥夺公平竞争的机会。因此，依循此理念，被害人在刑事法律规范的设置之初，就处于被忽视的地位，可以将其视为处于最不利境地的群体，故一国应当在刑事司法改革之中保障被害人参与诉讼的机会，以及获得保护和救济的权利，使被害人的利益得到最大化的满足，只有处于最不利境地的被害人的权益得到保障，才是真正践行公平正义之法理念。

　　修复式正义观的影响，不再延续传统报应式或者惩罚式的刑事处理方式，而是探寻更加多维度的处理方式，譬如在犯罪行为人与被害人之间搭建制度桥梁，使双方当事人能够面对面进行沟通，在弥补犯罪人与被害人的信息差的同时，给予犯罪人真诚悔过的机会，积极赔偿、诚恳致歉，以及将被害人从犯罪行为所导致的精神与物质困境中解脱出来。在修复式正义观的支撑下，更多制度多需要犯罪人与被害人合力进行，促使被害人不再是程序的旁观者，而必须参与到修复制度的程序进展过程之中，直接夯实了被害人的主体地位。同时由于需要与被害人直接接触，为了避免被害人遭受到二次伤害，配套的程序辅助人制度、社会与国家救助制度、证人保护制度等也相继需要发展、完善，譬如我国设置的和解与"认罪认罚从宽制度"的运用等限制。只有在修复被害人的权利的过程中，保障被害人免受二次伤害，且使其获得较为满意的裁判结果，才是真正的修复式正义观的践行。一言以蔽之，只有赋予被害人在刑事程序中应有的权利，才能实现修复式正义观的目的。

1.4 问题的提出

通过梳理立法例和相关文献可知，大陆法系、英美法国家，附带民事诉讼范围均包括了犯罪行为造成的物质损失。同时，联合国的《为罪行和滥用权利行为受害者取得公理的基本原则宣言》（以下简称《被害人保护宣言》）中规定的附带民事诉讼赔偿范围为：赔偿损失、偿还因受到侵害而产生的费用。① 联合国对附带民事诉讼范围的规定，与我国《刑法》第36 条以及《刑诉》第 101 条确定的内容基本上相类似。我国现行立法规定，与联合国宣言的保障被害人人权的基本精神一致，而我国司法解释明确规定对物质损失范围进行限制的这一做法又与该精神不相契合，引发学界较大争议，若实践需要进行限制就应该经过一定的实证检验。我国针对该研究尚待探究的具体问题如下：

（1）司法解释限制刑事附带民事诉讼范围的必要性。我国现行研究鲜有从实证分析角度揭示《刑法》第 36 条及《刑诉》第 101 条对附带民事诉讼范围规定过宽、从而导致案件数量增长的确切研究，以佐证司法解释限制刑事附带民事诉讼范围的必要性。

（2）司法解释限制刑事附带民事诉讼范围的可行性。本课题认为，在未厘清不同法院、不同犯罪类别、不同年度附带民事诉讼实然和应然案件的变化情况和趋势的情况下，就肯定最高人民法院该限制案件类型的解释具可行性稍显不妥。

（3）刑事附带民事诉讼替代措施的合理性与妥当性。最高法以追缴、责令退赔措施替代附带民事诉讼，需要从实然和应然两个方面考察在侵犯

---

① 大谷实. 犯罪被害人及其补偿 [J]. 黎宏译. 中国刑事法杂志，2000（2）：6.

人身权利、财产权利，以及财产、人身权利兼有的犯罪类型中实际适用情况，是否使被害人获得有效救济，以及对赔偿功能的影响等方面进行综合考量。

1.5 研究方法

本书将以现行规范为基础，通过调查研究获取第一手材料，对刑事附带民事诉讼范围展开较为全面的分析与讨论，并尝试在此基础上，进行一般意义上的概念提炼与理论提升。具体研究思路、计划如下：

（1）刑事附带民事诉讼制度实际运作情况和运作效果，即限缩刑事附带民事诉讼范围是否使刑事被害人受损的民事权利能够得到快捷、便利的修复，刑事附带民事诉讼提起率、执行率影响因素，并提出问题。

（2）刑事附带民事诉讼的替代措施对当事人行为策略选择上产生了怎样的影响，替代措施的应然和实然效果如何。

（3）刑事附带民事诉讼范围的困境成因，即从主、客观两个层面分析造成刑事附带民事诉讼范围产生争议的因素，揭示立法与司法解释之间的冲突，以及法官有意绕过该制度不予实施的行为，体现的刑民冲突的根源。

（4）从立法、司法以及国家层面进行回应，即面对刑事附带民事诉讼范围的困境，立法、司法以及国家层面应作出何种反应。为缓解这些困境，规范和实证层面应当做出怎样的调整，以攻克适用难题。

本书围绕被害人的赔偿权问题展开论述，主要研究方法如下：

（1）通过文献梳理寻找被害人保护的价值理念发展，对国内外相关研究文献进行收集整理，梳理相关理论发展脉络，以此探寻我国被害人权益保障相关制度背后的价值理念。

（2）实证研究方法。负责人所在地区建立了较为成熟的大数据应用平台，所在院校为公安类院校，与样本选取单位建立了定期联系协作机制，为实证研究及时、准确的数据来源提供了保障。根据提前设计的研究对象设置调查问卷，为统计分析提供相应的佐证材料，通过 SPSS 统计软件揭示背后隐含的规律。对于司法机关的改革创新，以及典型案例的分析也将有所涉及，尽可能地丰富实证研究的材料，以更准确地从微观层面把握司法实践中的动态信息。

（3）比较研究法。通过研究外国对于附带民事诉讼制度的相关规定以及判例学说，发现不同规范模式以及共通的价值理念，作为我国研究以及法律适用的参考。

（4）类型化分析。本文将附带民事诉讼案件分为四类进行讨论：侵犯财产权利类别，侵犯人身权利类别，侵犯人身、财产权利类别，侵犯其他权利类别。对司法实践中的裁判，本文也做了类型化整理，找寻可解决之多元途径，有利于深入分析，呈现案件的裁判标准，促进理论与实践融合。

1.6 论著结构安排

本著述主要有三个部分：第一部分为引言，主要是进行现状梳理，引出本著述的研究切入点，以及要解决的问题；第二部分为正文，是本著述的论证部分；第三部分为结论，对本研究的内容进行归纳总结，并对下一步的研究进行展望。第 1 章为引言部分，以被害人损害赔偿的主要方式——附带民事诉讼为切入点展开论述，主要内容包括刑事附带民事诉讼研究的背景和意义，对研究样本选取、路径选择进行说明，概述论文的结构安排，提出问题。第 2 章刑事附带民事诉讼范围之规范与理论，主要从附带民事诉讼范围的现行规范、限制附带民事诉讼范围的理论观点、附带民事诉讼替代措施的规范与理论依据（历史沿革、现行规范、妥当性），以及司法限制民事诉讼范围仍须探究的问题（必要性、可行性、替代措施实施现状）四个方面展开，并开展刑事附带民事诉讼的实证分析，此部分将附带民事诉讼案件分为侵犯财产权利（盗窃、诈骗、抢夺、侵占等），侵犯人身权利，侵犯人身、财产权利，侵犯其他权利四个类别。通过抽查、检索 C 市两级法院受理的刑事案件，从应然和实然两个角度进行对比，探讨最高人民法院对附带民事诉讼范围的限制是否有必要，并进一步对附带民事诉讼四种类别的案件，以 C 市的两级法院为样本，对四类案件根据不同法院、不同年度附带民事诉讼，通过 SPSS 统计软件形成统计表、统计图，解析本研究变数和指标的关系，即法院附带民事诉讼范围的应然需求与实然效果之间是否存在差异。刑事附带民事诉讼替代措施的实证分析，分别从附带民事诉讼替代措施所涉及犯罪类别（根据替代措施实施程度不同分为全部追缴或责令退赔、大部分追缴或责令退赔、小部分追缴或责令退赔、无追缴或责令退赔的实施），替代措施所涉的具体罪名等方面，以选取的样本单位，统计有无被害人索赔、追缴或责令退赔判决情况数据，是以验证替代措施适用的实际效用性，揭示替代措施实施的有限性、执行错位的原因。第 3 章主要通过对美、英、德、日被害人保护现状进行梳理，以求寻找制度构建上的共同点，为第 4 章路径的完善提供些许借鉴。第 4 章是对如何完善刑事被害人赔偿权保护路径进行详述，分别从司法理念和司法解释矫正、附带民事诉讼范围、调和替代措施和附带民事诉讼的关系、完善和解和调解制度等诸多方面进行详述。第 5 章是对本研究的问题进行回应，对实践现状进行总结，对发展趋势进行概括，对未来研究进行展望，并对刑事被害人损害赔偿权的改革与完善提出谨慎性的建议。

第2章 刑事被害人赔偿权的
实践保护现状

2.1 附带民事诉讼保护现状分析

2.1.1 限缩的赔偿范围

附带民事诉讼，一般将其定义为在对犯罪人的刑事责任进行裁判之时，附带在刑事审判程序中、对犯罪人犯罪行为对被害人造成的财产损失提起赔偿请求之诉。[①] 一般意义上，所谓的附带民事诉讼适用范围，即为刑事诉讼程序中，被害人可对哪类犯罪提出附带民事诉讼要求赔偿。《刑诉》第101条规定，被害人由于犯罪行为而遭受物质损失时，可提起附带民事诉讼。由此可见，我国立法上仅允许犯罪造成物质损失被害人通过附带民事诉讼寻求赔偿。[②] 根据该条之规定，构成附带民事诉讼必须具备的四项要件：一是附带民事诉讼须以刑事诉讼为前提。二是须在刑事诉讼过

[①] 易延友. 刑事诉讼法：规则、原理、应用 [M]. 5版. 北京：法律出版社，2019：272.

[②] 注：虽有学者对此规定排除精神损失持有异议，但囿于篇幅限制，本文主要研究哪些犯罪造成的物质损失允许被害人提起附带民事诉讼，对精神损害是否应纳入附带民事诉讼赔偿范围问题另作它篇予以论述。

程中提起。① 三是，根据我国《刑法》第 36 条，以及 2012 年的《刑诉解释》第 138 条与第 155 条的相关内容可知，需要是罪犯的犯罪行为导致被害人在财产上的损失。这些规定确立的附带民事诉讼制度，是被害人填补其因犯罪行为所致损失的最主要的，也是最重要的途径之一。一般理论原则上将该财产上的损失分为遭受的直接损失 ②和遭受的间接损失。所谓被害人遭受的直接损失，一般指犯罪行为直接作用在被害人之财产上所产生的损害。譬如一犯罪人在某小区行窃时，出于故意毁坏甲房屋内设备的目的进行打砸而致的设备损失。③ 被害人遭受的间接损失，一般指犯罪行为虽然没有直接作用于被害人，但是实际上给被害人带来的损失。譬如虽然犯罪人并没有侵害被害人的收益权，但是由于犯罪对被害人身体的完整性进行侵犯，导致被害人丧失了劳动能力，而导致收益减少或者丧失的损失。④ 最后，一般原则上要求该被害人所受之损害，要与犯罪人的犯罪行为具备直接的因果关系。⑤

本书主要研究上述构成要件之三，即哪类犯罪导致的"物质损失"能够提起附带民事诉讼。我国刑事诉讼法、刑法从程序与实体两个角度确立了可提起附带民事诉讼的法定范围。然而，与最高法司法解释相较，却趋向于不断限缩，由此引发了学界对附带民事诉讼范围限制的必要性、合理性、实效性等问题的探讨，并成为本书研究的起因。

---

① 注：《最高人民法院关于适用〈中华人民共和国刑事诉讼法〉的解释》规定，被害人应当在刑事案件立案后、一审判决宣告前提起附带民事诉讼，判决生效后可另行提起民事诉讼。

② 实际损失，是指因遭受损害而实际支出的费用，如医药费、交通费、丧葬费；必然损失，是指与犯罪行为存在关联的间接损失，即误工费等，不能纳入赔偿范围。参见南英，高憬宏. 刑事审判方法 [M]. 法律出版社，2013：184.

③ 2012 年最高法《刑诉解释》第 155 条第 1 款：对附带民事诉讼作出判决，应当根据犯罪行为造成的物质损失，结合案件具体情况，确定被告人应当赔偿的数额。

④ 2012 年最高法《刑诉解释》第 155 条第 2 款：犯罪行为造成被害人人身损害的，应当赔偿医疗费、护理费、交通费等为治疗和康复支付的合理费用，以及因误工减少的收入。造成被害人残疾的，还应当赔偿残疾生活辅助器具费等费用；造成被害人死亡的，还应当赔偿丧葬费等费用。

⑤ 山口厚. 刑法总论 [M]. 第 3 版. 有斐阁，2016：46.

2.1.2　形式层面：司法解释限制措施与法律规定的范围发生碰撞

要分析司法解释限制附带民事诉讼的法定范围的合理性，首先就需要厘清可提起附带民事诉讼法律规定范围如何。探究我国刑事被害人损害赔偿保护现状，附带民事诉讼法定范围涉及实体与程序两个方面。

根据前述分析，我国法律规定可提起附带民事诉讼的范围为犯罪行为导致的物质损失。1997 年《刑法》第 36 条①确定了赔偿经济损失与民事优先原则，该条第 1 款确定了赔偿经济损失的范围，该经济损失既包括直接损失也包括间接损失，并统称为物质损害。《刑诉》第 101 条规定，对犯罪行为造成的物质损失，在刑事诉讼过程中，被害人有权提起附带民事诉讼，确立了附带民事诉讼为我国刑事被害人损害赔偿权得以实现的主要路径。在《刑诉》第 104 条规定了除极度妨碍刑事审判进程外，附带民事诉讼应与刑事案件审判一并进行。因此可提起附带民事诉讼的损失包括了直接损失与间接损失，排除精神损害。② 这也是本文在进行取样时，围绕涉物质损害结果划分为四种案型的主要原因。

然而，司法解释以 2000 年为界点，在 2000 年之前司法解释附带民事诉讼范围与刑事法律确定的"物质损失"一致。③ 自 2000 年始，最高法对附带民事诉讼范围一步步进行限制。2000 年 12 月通过的《最高人民法院关于刑事附带民事诉讼范围问题的规定》第 1 条、第 5 条之规定，将可提

---

① 《刑法》第 36 条：由于犯罪行为而使被害人遭受经济损失的，对犯罪分子除依法给予刑事处罚外，并应根据情况判处赔偿经济损失。承担民事赔偿责任的犯罪分子，同时被判处罚金，其财产不足以全部支付的，或者被判处没收财产的，应当先承担对被害人的民事赔偿责任。

② 注：将精神损害排除在附带民事诉讼范围之外是否合理并非本书论述核心，故不予详述。

③ 最高法先后于 1980 年、1994 年、1998 年制定和发布了《关于审理刑事附带民事诉讼案件有关问题的批复》《关于审理刑事案件程序的具体规定》《关于执行〈中华人民共和国刑事诉讼法〉若干问题的解释》，其中对附带民事诉讼可提起范围的规定均与刑事基本法规定的由犯罪行为导致的物质损失范围一致。

起附带民事诉讼范围限制为"因人身权利受到犯罪侵犯或财物被犯罪行为毁坏而遭受的物质损失"。与刑事法律规定相较，将非法占有性财产犯罪损失赔偿排除在外，这类损失由"追缴或者责令退赔""另行提起民事诉讼"等措施替代，并在2012年《刑诉解释》第155条①中对赔偿内容进行细化，在第138条、第139条、第164条②对《刑事诉讼法》确定的提起附带民事诉讼法定范围进一步紧缩，排除非法占有、处置被害人财产犯罪提起附带民事诉讼可能，并且将这类犯罪从"另行提起民事诉讼"范围内删除，即将另行提起民事诉讼的赔偿范围，仅限于物质损失。

可见我国刑法与刑事诉讼法历次修改，均分别维持了"被害人遭受经济损失"与"被害人遭受的物质损失"的规定，成为被害人向法院提起损害赔偿的法律依据。司法解释步步紧缩，实质上限制或否定了被害人部分获得赔偿的权利。法定范围与司法解释限制范围的冲突，就使针对附带民事诉讼赔偿范围限缩的合理性、必要性的探讨成为必要。

2.1.3 理论层面：附带民事诉讼范围限制措施陷入理论旋涡

2000年以来学界对最高法采取限制附带民事诉讼范围的措施大多持反对观点，持支持观点的占较少数，这些争论一直持续至今。围绕司法解释不断限制附带民事诉讼范围，将非法占有性财产犯罪损失的赔偿排除在

---

① 注：该条将物质损失分为直接损失和间接损失。其中还具体规定了，驾驶机动车致人伤亡或者造成公私财产重大损失，构成犯罪的，依照《中华人民共和国道路交通安全法》第七十六条的规定确定赔偿责任，并且具体规定当私下达成赔偿时的处理规则，即附带民事诉讼当事人就民事赔偿问题达成调解、和解协议的，赔偿范围、数额不受第二款、第三款规定的限制。

② 注：《刑诉解释》第138、第139、第164条，分别从以下几个方面予以限制：首先，将非法占有、处置被害人财产从附带民事诉讼可提起范围内排除，以追缴或责令退赔措施替代。其次，第164条规定"被害人或者其法定代理人、近亲属在刑事诉讼过程中未提起附带民事诉讼，另行提起民事诉讼的，人民法院可以进行调解，或者根据物质损失情况作出判决。"将前述犯罪类型，从可另行提起民事诉讼中剔除。将被害人可获赔偿的犯罪类型范围进一步缩小。

外，以追缴赃款赃物、责令退赔等措施予以解决，有违强调私人权益填补的争议趋势亦愈演愈烈。

（一）对附带民事诉讼范围限制措施持支持观点

对刑事附带民事诉讼案件范围持限制观点的主要原因如下：

（1）"空调空判"情况严重。[①] 判决作出后，被告人要么经济能力有限无法负担赔偿费用，要么因为服刑丧失了收入能力，致使被害人损害赔偿权无法得到满足，致纠纷陷入循环。相较附带民事诉讼，通过将非法占有、处置财产而受有的损失以追缴或退赔方式予以弥补，相关事实在刑事审判程序中易于查清。同时，即使损失不能得以弥补，还可通过另行起诉的方式得以救济。[②] 针对该观点尚且不论追缴或退赔的实际法律效果如何，单就可通过另行提起民事诉讼的方式得以全面救济的期待已经被 2012 年《刑诉解释》狙击。该司法解释第 164 条删去了 2000 年《关于刑事附带民事诉讼范围问题的规定》第 5 条中"另行提起民事诉讼"的规定，即非法占有、处置被害人财产类犯罪被排除在另行提起民事诉讼范围之外。

（2）延迟的审判，妨害司法秩序，诉讼效率遭拖累。例如，被害人通过附带民事诉讼制度进行虚假诉讼，[③] 利用民事赔偿影响案件处理进程，导致刑事审判进程缓慢，达到不法目的。也有学者指出，面临复杂的民事争议，被告人提出反诉或第三人提出独立诉讼，甚至被迫另行提起民事诉讼，[④] 出现同一事实重复诉讼，使附带民事诉讼制度的为诉讼效率设置目的荡然无存。

---

① 谢佑平，江涌. 质疑与废止：刑事附带民事诉讼 [J]. 法学论坛，2006（2）：57-67.
② 康玉梅. 刑事附带民事诉讼的赔偿范围探讨 [J]. 湖北社会科学. 2012（4）：160-164.
③ 通过提起虚假附带民事诉讼，妨碍刑事程序的论述，参见张明楷. 虚假诉讼罪的基本问题 [J]. 法学，2017（1）：152-168；肖怡.《刑法修正案（九）》虚假诉讼罪探析 [J]. 法学杂志，2016（10）：24-31；高铭暄，陈冉. 论"诉讼欺诈"行为的定性——与"诉讼欺诈定性诈骗罪论者"商榷 [J]. 法学杂志，2013（4）：1-18.
④ 庞君淼. 刑事附带民事诉讼制度存在价值的质疑 [J]. 中国刑事法杂志，2004（5）：73-79.

（3）刑事责任与民事责任具有天然的不可融合性。提出两者在责任产生、责任承担主体、承担方式以及国家法律评价等方面都存在着显著差异，适用的是两套逻辑。若以附带民事诉讼的损害赔偿影响刑罚，即违背了罪刑法定原则，也违背了"法律面前人人平等"这一我国宪法确立的基本法治原则。[①] 然而，前述观点带有明显的重刑轻民传统司法倾向，忽视了刑事损害赔偿除具有补偿功能外，也具有预防犯罪的功效，民事责任与刑事责任功能融合并不代表抹杀它们之间的区别，而是有限度地交叉和趋同。这有利于我国刑法轻刑化发展、淡化刑事责任的惩罚性和破坏性，给予被告人回归社会的机会，实现良性刑事法治目标。[②]

（4）更有学者提出司法解释限制措施远远不够，根据《刑诉》第12条的规定，未经人民法院依法判决，任何人都不得被确定为有罪。如果必须首先确认被告人的行为是犯罪行为方能提起附带民事诉讼，则被害人在侦查起诉阶段皆不能提起附带民事诉讼。附带民事诉讼制度本身就违背了罪刑法定原则，未经过审判即认定犯罪嫌疑人有罪，且模糊了刑民界限应当废除。[③] 然此种观点却是僵化地理解了《刑诉》第101条，错误解读了附带民事诉讼的构成要件。《刑诉》第171条规定，人民检察院在审查案件时，必须审查有无附带民事诉讼，可见在侦查阶段、审查起诉阶段，被害人即可提起附带民事诉讼。因此第101条应理解为只要刑事诉讼存在，

---

① 杨忠民. 刑事责任与民事责任不可转换——对一项司法解释的质疑 [J]. 法学研究，2002（4）：131-137.

② 刘东根. 刑事责任与民事责任功能的融合——以刑事损害赔偿为视角 [J]. 中国人民公安大学学报（社会科学版），2009（6）：127-133.

③ 参见苏俊. 犯罪民事责任制度质疑——兼对我国刑法功能暨刑事责任制度的反思 [J]. 中国刑事法杂志，2012（6）：29-33. 主要理由：（1）将民事责任作为犯罪行为的法律后果，破坏了违法行为与法律责任的内在逻辑对应关系；（2）犯罪民事责任模糊公法与私法、罪与非罪的界限，混淆了刑法和民法不同法律部门的调整功能。（3）犯罪行为导致的物质损失具有刑法性质，把它与民事损害后果，错误理解了物质损失的法律性质。（4）犯罪民事责任制度将被告人构成犯罪作为其适用的必要条件，有悖于无罪推定原则。

即可提起附带民事诉讼，而无论被告人行为是否构成犯罪。[①] 因此持废弃观点的论据并不妥当。

总之，支持司法解释限制措施的观点，均认为附带民事诉讼范围过于宽泛，累及刑事审判效率。然司法解释在犯罪类别上的限缩，是否如它的支持者们认为的那样保持了清醒的"自我克制"，似乎更多是给人以"纸上谈来终觉浅"之感。

（二）对附带民事诉讼范围限制措施持反对观点

对限制刑事附带民事诉讼提起范围持反对观点的理由主要有以下几个：

（1）该制度源于对诉讼效率与司法权威之追求，将同一行为所致的民事赔偿与刑事责任合并审理，可避免重复性审判，节约司法资源，[②] 且同一审判程序对被告人是否有责，几乎无分歧，因此也可避免出现同一事实不同判决的情况出现，[③] 使司法统一得以实现，司法权威得到巩固。[④]

（2）附带民事诉讼范围保持现行立法规定，有利于对被害人全面救济，保护当事人合法权益。[⑤] 财产上的损害，可以因合同上的违约产生，也可以由对他人的权益侵害行为产生。通过对我国刑事法律规范进行梳理，可知在法律层面上，立法者并未将犯罪人的行为限定于侵权行为，才可提起附带民事之诉。这样不予限制的规制方式，赋予了被害人一定权益保护规范选择适用的可能或者机会，被害人可以自行出于自身利益最大化

---

① 参见易延友. 刑事诉讼法：规则、原理、应用［M］. 5 版. 北京：法律出版社，2019：273.
② 参见易延友. 刑事诉讼法：规则、原理、应用［M］. 5 版. 北京：法律出版社，2019：272-273.
③ 参见张卫平. 民刑交叉诉讼关系处理的规则与法理［J］. 法学研究，2018（3）：102-117. 亦可参见林达. 近距离看美国之一：历史深处的忧虑［M］. 生活·读书·新知三联书店，1997：199-286.
④ 参见黄东熊，吴景芳. 刑事诉讼法论［M］. 中国台湾：三民书局，2002：709-710.
⑤ 参见陈光中. 刑事诉讼法学［M］. 北京：中国政法大学出版社，1996：232；陈卫东. 中国刑事诉讼法［M］. 北京：法律出版社，1998：87-88；胡凯成. 刑事诉讼法［M］. 中国台湾：三民书局，1983：442-443.

的考量，决定是适用违约，抑或是侵权规范进行赔偿，既尊重了被害人的选择权，也有利于纷争的平息。

（3）司法解释，以追缴或退赔制度来替代附带民事诉讼制度中的一部分规制范围，其合理性和实践意义必要性，仍然值得商榷。① 虽然我国刑法、刑事诉讼法，以及相关的司法解释都对替代措施制度予以确定，但是值得注意的是，并未在程序上规定赔偿措施。这也导致在对替代措施进行适用之时，公安司法机关会面临一定的困境，即民事程序中规定的保全制度是否可以予以适用；若无法适用，如何保障后续的执行能够有效落实。因此相关的程序性制度仍然亟待完善。② 同时，公安以及相应的司法机关，也缺少利益驱动，与没收可以和政府达成协议按比例上缴财政不同，责令退赔最后是返还被害人。无利可图加上简陋的程序设计，替代措施"落空"是懈怠的必然。

（4）应恢复刑事被害人应有的民事赔偿权。我国《刑法》《刑诉》与《侵权责任法》对犯罪行为导致的损失除生态功能损失、精神损失等不一致外，在物质损失方面保持一致，然最高法《刑诉解释》对赔偿范围进行限缩，客观上引起刑民冲突，不符合附带民事诉讼的便利原则。③ 剥夺被害人的赔偿权利并不可取，更多的应当在执行、和解、国家赔偿制度等其他路径上予以完善。④

（5）恢复性司法理念发展的必然要求。20 世纪 70 年代西方开始提倡恢复性司法，强调对被害人进行经济补偿，关注被害人与犯罪人的关系修复。附带民事诉讼的赔偿性，以及减少被害人损失、给予犯罪人真诚悔罪的机会、以赔

---

① 注：替代措施并不是本书论述核心，详细论证另起它文。或参见刘璐. 刑事附带民事诉讼物质损失赔偿范围研究［J］. 人民检察，2003（6）：23-26.

② 参见袁辉. 责令退赔空判现象实证研究——以 L 市两级法院刑事判决为中心的考察［J］. 法律适用，2015（5）：88-92.

③ 王忠义. 我国环境资源刑事附带民事诉讼探悉［J］. 法律适用，2019（15）：8.

④ 胡学相，甘莉：我国刑事被害人民事赔偿权的缺陷与完善［J］. 法治研究，2016（4）：78-88.

偿作为酌定从宽情节、^① 致力纠纷解决等都与恢复性司法理念相同。^② 着眼于被告人处罚，忽视被害人诉讼权利，这种"刑主民辅"的传统刑事司法审判观念已不符合社会发展向被害人民事权益保护目标回归的要求。^③

综上所述，从形式层面、理论层面可以看出，最高法态度鲜明地坚持对附带民事诉讼范围予以限制，具体理由最高法并未予以文件证实。通过对学界观点进行梳理，勾勒出的理由图景，大致均以一个理由一以贯之，即《刑诉》《刑法》规定的可提起附带民事诉讼范围过大，复杂疑难案件增多，拖延刑事审判程序。然此理由能否足以构成限制附带民事诉讼范围的理由，对此，本文认为学界理论没有实践材料予以佐证，终难以令人信服，故而需要从以下两个方面进行考察：一是司法实践中附带民事诉讼提起率是否因法律规定的范围过宽而不断上涨。从实然和应然两个层面予以对比分析，探究司法解释有无限制必要。二是考察不同年度附带民事诉讼涉案类别在实然和应然两个层面的变化情况，以此探究司法解释所限制犯罪类型是否应予限制、司法解释限制措施是否可行。

2.1.4　实证分析层面：司法解释限制附带民事诉讼赔偿范围实证支撑不足

通过上述分析可见，对附带民事诉讼赔偿范围予以限制的主要理由在

---

① 高铭暄，张海梅. 论赔偿损失对刑事责任的影响 [J]. 现代法学，2014（4）：111-120. 详述参见高铭暄. 中华人民共和国刑法的孕育诞生和发展完善 [M]. 北京：北京大学出版社，2012：217；唐文胜. 犯罪损害赔偿研究 [M]. 北京：中国人民公安大学出版社，2010：79.

② 陈瑞华. 刑事诉讼的私力合作模式 [J]. 中国法学，2006（5）：15-30；丹尼尔·W·凡奈思. 全球视野下的恢复性司法 [J]. 王莉译. 南京大学学报，2005（4）：130-136；Martin W. Repair or Revenge：*Victims and Restorative Justice*. By Heather Strang. Oxford：Clarendon Press，2002，298 pp. [J]. British Journal of Criminology（2）：2.

③ 杨会新. 刑事被害人民事权益保护目标的回归 [J]. 北京：中国刑事法杂志，2011（9）：58-64；相似观点参见廖中洪. 论刑事附带民事诉讼制度的立法完善 [J]. 现代法学，2005（1）：145-150.

于：附带民事诉讼案件较多，已经超过法院所能负荷的范围，严重影响刑事诉讼审判效率，此亦为司法解释限制附带民事诉讼范围的必要性。本书在此尚不直接否定司法解释限制的措施，而是从该司法解释预期法律效果的角度，论证其对附带民事诉讼赔偿范围限制的合理性。换句话说，司法解释限制附带民事诉讼提起范围，一是将导致附带民事诉讼数量明显增多的案件类型予以排除；二是限制后，附带民事诉讼的提起率降低。任何一款法规的订立，都需要建立在一定的司法实践基础之上，但本文在经过一定的资料收集和分析后，对该司法解释限制附带民事诉讼赔偿范围的合理性、必要性产生了疑问。

（一）法定范围并未导致附带民事诉讼数量超过立法预期，司法解释限制措施合理性缺乏实践资料支撑

以司法解释于 2000 年开始对附带民事诉讼范围予以限制为起始点，本文将 C 市基层法院、中级法院不同年度附带民事诉讼的应然和实然状况进行三个时间跨度（1990—1999 年、2001—2011 年、2013—2019 年）的考察，① 以探究司法解释限制附带民事诉讼的实际效果（见图 2.1 至图 2.3）。

---

① 注：三个时间跨度的选取理由。1998 年最高法通过并施行的《关于执行〈中华人民共和国刑事诉讼法〉若干问题的解释》，涉及附带民事诉讼范围，2000 年最高法又通过并施行了《关于刑事附带民事诉讼范围问题的规定》，于 2002 年、2003 年分别通过了《关于人民法院是否受理刑事案件被害人提起精神损害赔偿民事诉讼问题的批复》《关于审理人身损害赔偿案件适用法律若干问题的解释》，这两个司法解释均与附带民事诉讼范围有关。2012 年全国人民代表大会对《中华人民共和国刑事诉讼法》进行了修改，最高法于 2012 通过了《关于适用〈中华人民共和国刑事诉讼法〉的解释》并与《刑诉》的修改一同于 2013 年 1 月生效。前述法律和司法解释的修改均涉及附带民事诉讼范围。本文在选取时间段和在时间段里取样具体年度时有意避开了修改和通过法律与司法解释的年度，因为法律法规的实际效果需要经过一定时间实施适用，才能在案件中予以全面反映，所抽取案件才更符合现实。基于以上原因，本书将时间跨度划分为三个：1990 —1999 年、2001—2011 年、2013—2019 年，每个跨度选取 4 个年度，共同构成了本研究的取样单位。

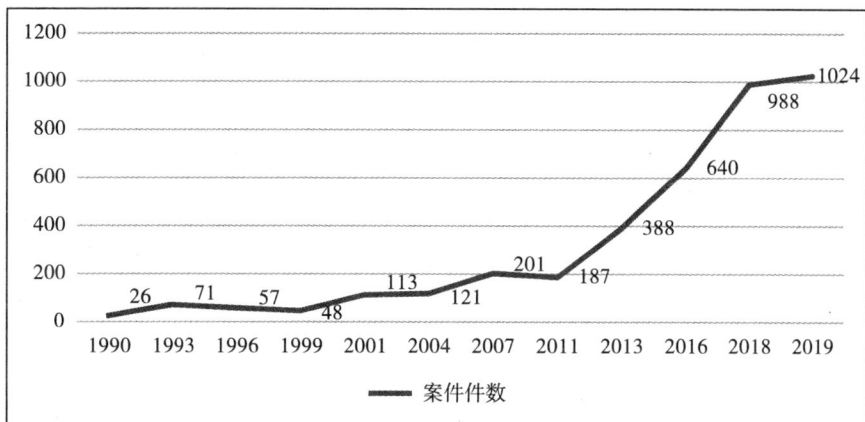

图 2.1　应然层面：三个时间段抽样一审刑事案件数量

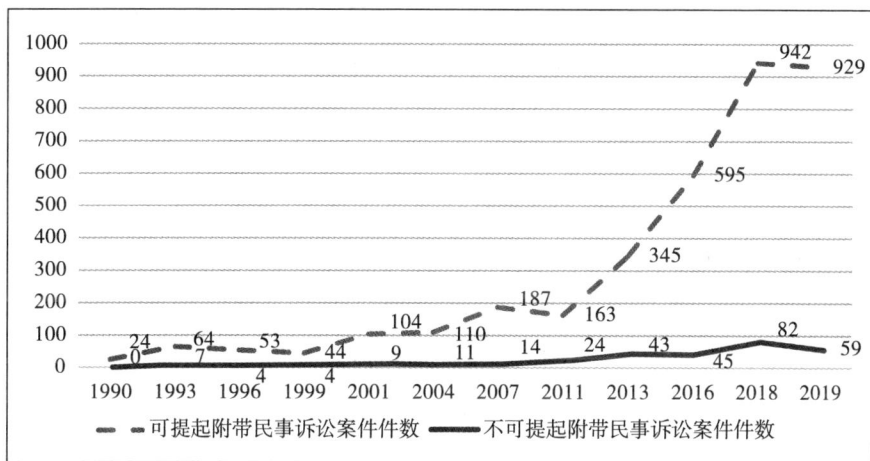

图 2.2　应然层面：三个时间段可提起与不可提起附带民事诉讼案件数量对比

　　共抽查 C 市两级法院一审刑事案件 3864 件（1990—1999 年：202 件；2001—2011 年：622 件；2013—2019 年：3040 件）。其中 1990—1999 年造成物质损失的案件数量为 182 件，占该统计期间案件总数的 90.1%；未造成物质损失的案件数量为 20 件，占该统计期间案件总数的 8.9%。2001—2011 年造成物质损失的案件数量为 564 件，占该统计期间案件总数的 90.7%；未造成物质损失的案件数为 58 件，占该统计期间案件总数的

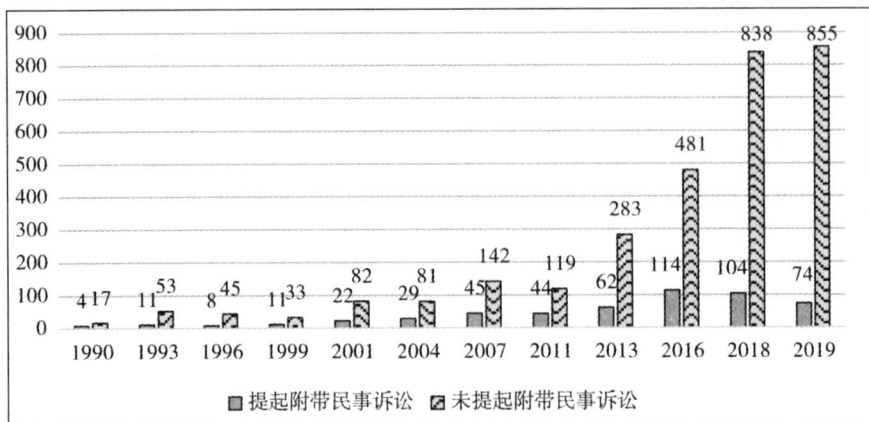

图2.3 实然层面：三个时间段提起与未提起附带民事诉讼案件数量

9.3%。2013—2019 年造成物质损失的案件数量为 2811 件，占该统计期间案件总数的 92.5%；未造成物质损失的案件数量为 229 件，占该统计期间案件总数的 7.5%。

1. 图表分析

（1）应然层面：物质损失案件呈现较低起伏走高，非物质损失案件呈现起伏走低。

其中物质损失案件占 1990 —1999 年抽取一审刑事案件量比分别为 80.8%、90.1%、92.9%、91.7%，占 2001—2011 年抽取一审刑事案件量比分别为 92%、91%、93%、87.2%，占 2013—2019 年抽取一审刑事案件量比分别为 88.9%、93%、92%、94%。非物质损失案件占 1990 —1999 年抽取一审刑事案件量比分别为 19.2%、9.9%、7.1%、8.3%，占 2001—2011 年抽取一审刑事案件量比分别为 8%、9%、7%、12.8%，占 2013—2019 年抽取一审刑事案件量比分别为 11.1%、7%、8%、6%。

（2）实然层面：提起附带民事诉讼案件前期持续走高，后期小幅降低后走高；未提起附带民事诉讼案件前期持续降低，后期大幅提高。

在 C 市两级法院取样的实际提起附带民事诉讼物质损失案件和实际提起刑事诉讼但不能提起附带民事诉讼非物质损失案件，1990—1999 年共计 182 件，其中所抽取年度物质损失案件和非物质损失案件数分别为 4 件、

11 件、8 件、11 件，17 件、53 件、45 件、33 件，所占年度抽取刑事案件量比分别为 19%、17.2%、15.1%、25%，81%、82.8%、84.9%、75%。2001—2011 年共计 564 件，其中所抽取年度物质损失案件和非物质损失案件数分别为 22 件、29 件、45 件、44 件；82 件、81 件、142 件、119 件，所占年度抽取刑事案件量比分别为 21.2%、26.4%、24.1%、27%，78.8%、73.6%、75.9%、73%。2013—2019 年共计 2811 件，其中所抽取年度物质损失案件和非物质损失案件量分别为 62 件、114 件、104 件、74 件，283 件、481 件、838 件、855 件，所占年度抽取刑事案件量比分别为 18%、19%、11%、8%，82%、81%、89%、92%。

2. 总结

（1）可提起附带民事诉讼案件增多，并不等于法定范围过宽、超过立法预期。

图 2.1 所示数据显示，可提起附带民事诉讼的一审刑事案件比率由 1990 年的 80.8% 提高到了 1996 年的 92.9%，在 1996 年对 1979 年刑事诉讼法进行修改时，立法者并未修改附带民事诉讼的有关条款，仍然沿用 1979 年较宽的附带民事诉讼提起范围，表明立法者认为可提起附带民事诉讼案件增多，并不是法律限制民事诉讼范围的理由。换言之，附带民事诉讼对刑事案件中民事赔偿问题的解决有助益。1990—1999 年可提起附带民事诉讼案件平均比率为 88.9%，2001—2011 年的可提起附带民事诉讼案件平均比率为 90.8%，2013—2019 年的可提起附带民事诉讼案件平均比率为 92%。三个时间段平均比率依次为 1.9%、1.2% 的增长。直至 2012 年、2018 年二次刑事诉讼法修改，立法者依然没有采纳司法解释限制民事诉讼范围的做法。

由此可见，虽然司法实践中可提起附带民事诉讼案件比率持续上升，但立法者并未认为此趋势会阻碍刑事审判的进行，现行刑事附带民事诉讼范围并未超出立法者预期，修改刑事诉讼法以限制附带民事诉讼范围并无足够实证材料支撑。

（2）司法解释限制附带民事诉讼范围限制措施，未充分从需要限制案件类型实然层面考察。

司法解释限制附带民事诉讼范围，最主要的理由是司法实践出现大量附带民事诉讼案件，亟须对一部分案件类型予以限制，以达到减少附带民事诉讼提起量的目的。这一理由的实践基础即是附带民事诉讼案件持续走高，并出现变态趋势。但通过图 2.3，该理由的实证基础似乎成了空中楼阁。

最高法开始表达限制附带民事诉讼的精神始于 1999 年①，并在 2000年②制定了一系列规定，2012 年规定在刑事诉讼司法解释之中。以此为时间点，本文选取了 1990—1999 年、2001—2011 年、2013—2019 年三个时间段，每个时间段分别选取四个年度，对选取的 12 年分别进行了附带民事诉讼实际提起数量的抽样调查。根据图 3 的内容显示：C 市 12 年间实际提起附带民事诉讼案件量分别占每年抽取实际提起刑事案件总数的 19%、17.2%、15.1%、25%、21.2%、26.4%、24.1%、27%、18%、19%、11%、8%。1990—1999 年、2001—2011 年、2013—2019 年平均实际附带民事诉讼案件提起率分别为 19.1%、24.7%、14%。从中可以看出在 2000年司法解释正式限制前，虽然可提起附带民事诉讼案件数量可观，但仅只有不到 20% 的案件实际提起了附带民事诉讼，仍有超过 80% 的案件即使司法解释未予以提起限制，也未进入附带民事诉讼程序。在 2000 年司法解释予以限制后，实际提起附带民诉讼案件比率仍然走高，只是到了 2018 年、2019 年上半年才有下降的趋势。与司法解释对附带民事诉讼范围限制以前的时间段平均提起附带民事诉讼比率（1990—1999 年）相比，后两个时间段增加与减少幅度并未超过 5.5%，属于正常增减幅度范围，并没出现附带民事诉讼案件畸高畸低变化趋势。

由此可见，最高法作出司法解释予以限制附带民事诉讼提起范围时，

---

① 《最高人民法院关于印发〈全国法院维护农村稳定刑事审判工作座谈会纪要〉的通知》（法［1999］217 号，1999 年 10 月 27 日）.

② 《最高人民法院关于刑事附带民事诉讼范围问题的规定》，自 2000 年 12 月 19 日起施行.

没有足够多的实践材料基础予以支撑，且司法解释限制措施实施以后，也未对附带民事诉讼的数量增减有明显作用。

（二）被司法解释限制案件类型占比低，司法解释限制措施必要性无实践材料支撑

可提起附带民事诉讼（致物质损失结果）案件按照取样年度，从 C 市两级法院涉及案型进行分类，可分为侵犯人身权利犯罪、侵犯财产权利犯罪、侵犯人身权利和财产权利犯罪、侵犯其他权利四种类别①（见图 2.4 至图 2.7）。

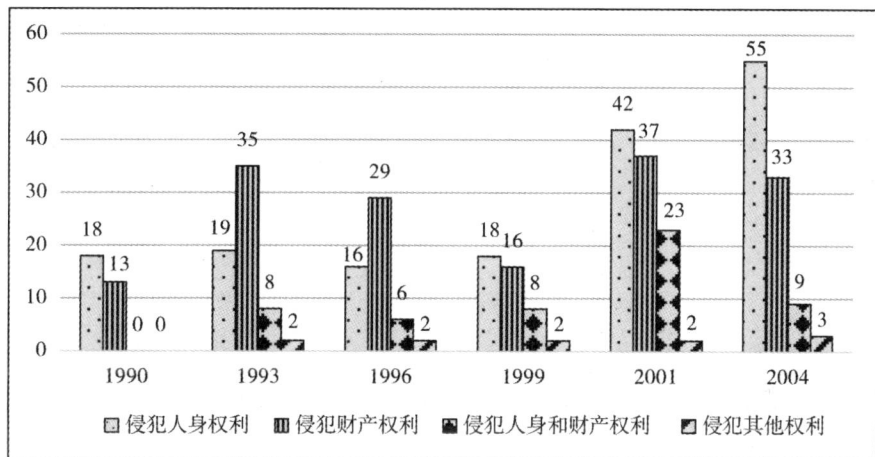

图 2.4　应然层面三个时间段可提起附带民事诉讼涉案案型分布（一）

1. 图表分析

（1）应然层面：可提起附带民事诉讼四种案型中，涉侵犯人身权利犯

① 注：祝铭山法官将"物质损失"定义为："由犯罪行为引起的被害人因人身权利、财产权利遭受侵害已受到的经济损失和必然遭受的经济损失"。本书根据此定义，依据刑法、刑诉规定的可提起附带民事诉讼范围，即犯罪行为所造成的物质损失，将可能涉及物质损失的犯罪类型设置为侵犯人身权利犯罪、侵犯财产权利犯罪、侵犯人身和财产权利犯罪、侵犯其他权利犯罪四种。以上四种犯罪类型能囊括所有涉犯罪行为导致的物质损失犯罪。具体物质损失定义，参见祝铭山. 中国刑事诉讼法教程［M］. 北京：中国政法大学出版社，1998：182-183.

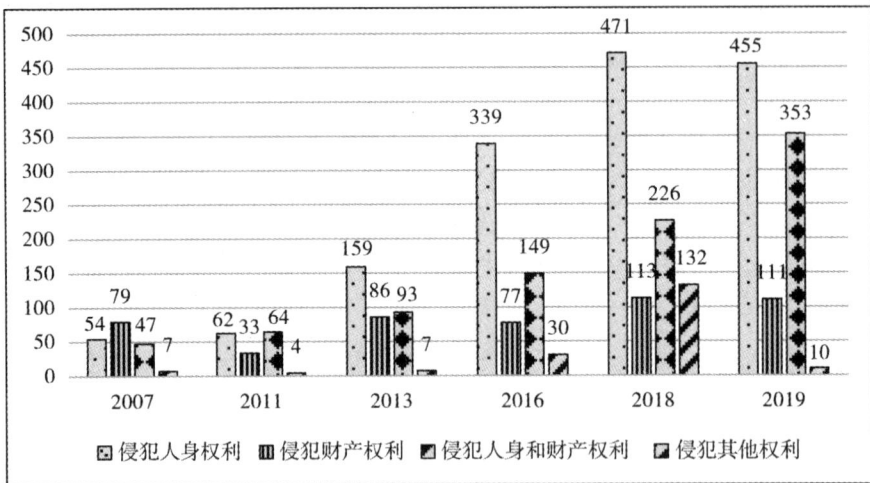

图 2.5　应然层面：三个时间段可提起附带民事诉讼涉案案型分布（二）

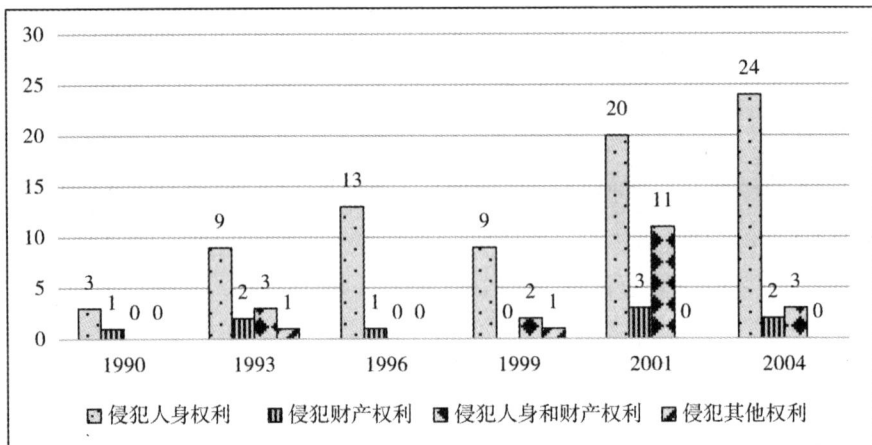

图 2.6　实然层面：三个时间段提起附带民事诉讼涉案案型分布（一）

罪、侵犯人身和财产权利、其他类型犯罪案例平均呈现上升趋势，涉及侵犯财产权利犯罪案件呈现增减起伏趋势。

1990—2019 年对 C 市两级法院的 12 个年度进行取样统计，涉及侵犯人身权利、侵犯人身和财产权利、侵犯财产权利、侵犯其他权利类型案件件数分别为 1698 件、986 件、662 件、201 件。四种案型占可提起附带民事诉讼案件的比率分别为 47.9%、27.8%、18.7%、5.6%。

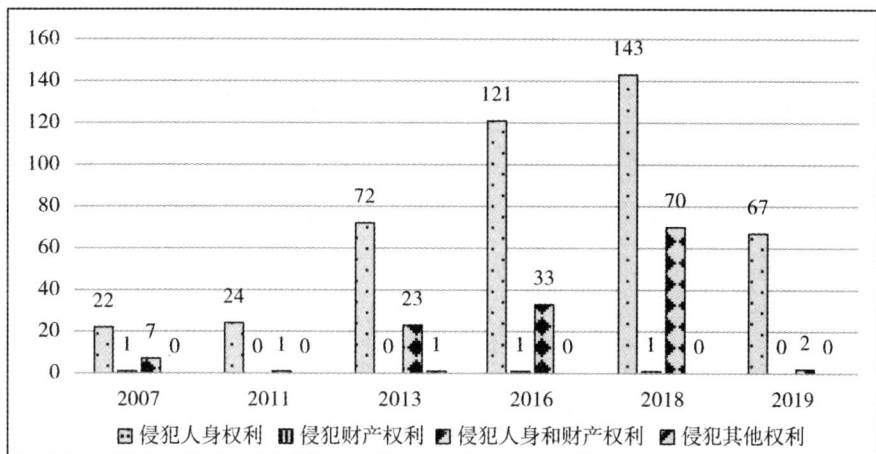

图 2.7　实然层面：三个时间段提起附带民事诉讼涉案案型分布（二）

1990—2019 年，所选取的 12 个年度涉及侵犯人身权利、侵犯财产权利、侵犯人身和财产权利、侵犯其他权利四类案型在各自年度选取可提起附带民事诉讼案件中占比分别为 38%、29.7%、30.2%、40.9%、40.4%、59.1%、28.9%、38%、36%、57%、50%、49%；62%、54.7%、54.7%、36.4%、35.6%、30%、42.2%、20.3%、25%、13%、12%、11.9%；0%、12.5%、11.3%、18.2%、22.1%、8.2%、25.1%、39.3%、27%、25%、24%、38%；0%、3.1%、3.8%、4.5%、1.9%、2.7%、3.7%、2.4%、2%、5%、14%、1.1%。综合图 2.4、图 2.5 可以看出，C 市两级法院在选取的 12 个年度中，侵犯人身权的案件除 2001—2013 年四个年度有所下降，前后期时间段都呈上升趋势，总体可提起附带民事诉讼涉侵犯人身权案件呈增长趋势。侵犯人身和财产权、侵犯其他权利等两类案型，除偶有下降外，可提起附带民事诉讼所涉案型案件呈上升趋势。可提起附带民事诉讼涉侵犯财产权案型案件，除 2004 年度案件量占比有小幅度上升外，总体呈下降趋势。

（2）实然层面：实际提起附带民事诉讼涉侵犯人身权案件占比居绝对优势，偶有小幅度浮动，涉侵犯财产权利案型、侵犯其他权利案型占比极低，与涉侵犯人身和财产权利案型虽均偶有上升但总体呈下降趋势。

1990—2019 年 C 市两级法院在被抽样的 12 个年度，造成物质损失实际提起附带民事诉讼的案件共计 697 件，涉及侵犯人身权、侵犯人身和财产权、侵犯财产权、侵犯其他权利类型案件件数分别为 527、155、12、3。四种案型在各自年度选取案件提起附带民事诉讼的案件占比分别为 75%、60%、92.9%、75%、58.8%、82.8%、73.3%、96%、75%、78.1%、66.8%、97.1%；0%、2%、0%、16.7%、32.4%、10.3%、23.4%、4%、24%、21.3%、32.7%、2.9%；25%、13.3%、7.1%、0%、8.8%、6.9%、3.3%、0%、0%、0.6%、0.5%、0%；0%、6.7%、0%、8.3%、0%、0%、0%、0%、1%、0%、0%、0%。综合图 2.6、图 2.7 分析，可观之 C 市两级法院在选取的 12 个年度，实际提起附带民事诉讼与可提起附带民事诉讼比率略有不同。提起附带民事诉讼涉及侵犯财产权案型、其他案型案件数占比极低，尤其在 2013—2019 年时间段甚可至零。涉侵犯人身和财产案型案件数量时增时减，有时数量为 0，总体呈降低趋势。涉侵犯人身权利类型案件一直占据绝对优势比率，总体呈凹凸增减趋势。

2. 总结

（1）前述本文指出可提起附带民事诉讼案件增多，并未促使立法者对附带民事诉讼范围予以限制。换言之，司法解释对附带民事诉讼范围予以限制无合理性。此部分在前述论证基础上进一步探究司法解释限制附带民事诉讼范围是否必要。根据学者归纳的司法解释限制附带民事诉讼范围的主要理由，即附带民事诉讼范围过大，可以导出：司法解释需要限制那些导致案件数量增多的案件类别。因此本书对 C 市两级法院相关案件进行取样，形成图表更直观地围绕该问题对司法实践情况进行分析。

根据《刑诉解释》第 175 条的规定，被害人仅能就人身权利或财物受到犯罪行为侵犯所遭受的物质损失提起附带民事诉讼。这一规定就将《刑诉》中可提起附带民事诉讼的范围予以缩小，即被告人非法占有、处置财产类型犯罪被排除在法定附带民事诉讼范围之外。非法占有、处置财产类型犯罪包含在本书图表所划分的侵犯财产权案型之中。因此，只需考察侵犯财产权案型在取样年度内的变化，就可以论证司法解释限制附带民事诉讼法定范围是否必要。

通过前述图 2.4、图 2.5 可以发现，C 市两级法院 1990 年至 2019 年间选取的 12 个年度，可提起附带民事诉讼的犯罪类别，占比较多的是涉侵犯人身权、涉侵犯人身和财产权这两类案型。而其他案型占比较低，几乎可忽略不计，而司法解释予以排除的侵犯财产权案件则一直呈现降低趋势。C 市两级法院 1990 —2019 年所取样的可提起附带民事诉讼案件中，侵犯人身权案件占比为 47.9%，侵犯人身和财产权案件占比为 27.8%，侵犯财产权案件占比为 18.7%，侵犯其他权利案件占比为 5.6%。其中可提起附带民事诉讼的侵犯财产权案件仅不足两成，而侵犯人身权、侵犯人身和财产权案件之和即占可提起附带民事诉讼案件总量的 8 成。

综上所述，司法解释限制附带民事诉讼范围，旨在扼制不断增长的可提起附带民事诉讼的案件类型，但本文所揭示的规律表明：司法解释予以限制的侵犯财产权犯罪，其实际可提起诉讼比率并未逐年增加，相反，呈现出逐年降低趋势，而司法解释未予以限制可提起附带民事诉讼的涉侵犯人身权犯罪、侵犯人身和财产权犯罪却逐年增长。因此，从应然层面来看司法解释限制附带民事诉讼法定范围必要性的实践资料支撑不足。

（2）司法解释限制效果得以实现，应当考察司法解释所限制的案件类型，是否因限制措施使附带民事诉讼的实际提起率有了显著变化，或限制措施实施后，附带民事诉讼案件提起数量是否得到有效抑制。

通过图 2.6、图 2.7 可见，C 市两级法院 1990 —2019 年取样的 12 个年度间四种类型犯罪实际提起附带民事诉讼占物质损失案件的比率为：侵犯人身权利犯罪 75.6%，侵犯财产权利犯罪 1.7%，侵犯人身和财产权利犯罪 22.2%，侵犯其他权利犯罪 0.5%。由此可见，附带民事诉讼案件增多的原因，从实然层面分析，是侵犯人身权利犯罪案型增多，而非侵犯财产犯罪案型。因此司法解释限制的案件类别并不是附带民事诉讼案件数增多的原因，而真正致使案件数增多的案型并未被纳入限制范围，故限制措施与预期法律效果终成为不可相交的平行线。

根据本节的论述，可得出以下结论：司法解释限制附带民事诉讼范围的措施，并未建立在附带民事诉讼案件量已使法院审判权难以行使的客观基础上，且所限制犯罪类型，并不是司法实践中导致附带民事诉讼案件数量增加的案型，并不能达到实际减少附带民事诉讼案件数量的效果。因此，从实然层面来看，司法解释限制附带民事诉讼法定范围实无必要。

2.1.5 结论

（一）法律规定附带民事诉讼可提起范围并未超过立法者预期，司法解释超越立法解释应当审慎

1996 年全国人民代表大会（以下简称全国人大）在对 1979 年刑事诉讼法进行修改时，可提起附带民事诉讼的案件比率由 1990 年的 80.8% 提高到了 92.9%，但立法者并未对范围进行限缩，而延续了 1979 年的规定。这一态度说明立法者肯定了附带民事诉讼对刑事案件中赔偿问题的解决效果，并且认为依据物质损失结果而提起附带民事诉讼案件的增多，并不是需要通过法律限制附带民事诉讼提起范围的理由。1994 年最高法《关于审理刑事案件程序的具体规定》第 61 条规定："人民法院受理刑事案件后，应当告知遭受物质损失的被害人（公民、法人和其他组织），已死亡被害人的近亲属，无行为能力或限制行为能力被害人的法定代理人，有权提起附带民事诉讼。"对于自愿放弃相应的诉讼权利的行为，法院应当予以许可。同时对于检察机关而言，若在提起公诉之时，发现犯罪行为致使国家、集体等公共利益遭受到损害，且相关的受损人或者单位并未提起损害赔偿之诉的，检察机关可以提起附带民事之诉。到了 1998 年《最高人民法院关于执行〈中华人民共和国刑事诉讼法〉若干问题的解释》，沿用了1979 年刑事诉讼法关于附带民事诉讼请求范围的规定，但该解释将 1994 年规定的第 61 条进行了修改：法院告知被害人有权利提起附带民事诉讼的"应为"更改成了"可为"模式，减弱了法院对被害人损害赔偿权益的告知义务。通过前述实证分析可知，至 1999 年，因财产损失而可以提起附带

民事诉讼的案件率维持在 92% 左右，到了 2016 年，这一比率提高了 1.3%，到了 2018 年维持在 92% 左右。幅度起伏并不大。即便如此，立法者对司法解释的限制性观点，并未在立法上予以体现，可见司法解释的限制性倾向并不与立法者的立法意旨相同。

因此，遭受物质损失提起附带民事诉讼可能性的案件占比虽逐年升高，但立法者并不认为"可提起"率的增加，属于应当对附带民事诉讼范围予以限制的考量要素。换句话说，附带民事诉讼可提起率的升高，并未超出立法者的立法预期。

（二）司法解释限制附带民事诉讼可提起范围无必要性与合理性，并未达到预期法律效果

2012 年《刑诉解释》第 139 条限制的案件类型，在所涉犯罪案件类别中占比较低。

司法解释所排除的犯罪类型为"被告人非法占有、处置被害人财产"之情形，而此类型，在本研究的"涉及侵犯财产权利犯罪类别"之中。根据本文数据统计可以发现，司法解释予以限制的案件类型，所归属的侵犯财产权利犯罪类别案件，在可提起附带民事诉讼案件中占比仅 33.15%，且数量逐年下降。与之相较，涉及侵犯人身权利犯罪和侵犯人身和财产权利犯罪类别案件占比则高达 63.15%，且呈逐年上升趋势。

因此，支持司法解释予以限制的观点似乎就无立足基础，且司法解释限制应达到的效果：一是被限制的类别案件，附带民事诉讼产生数量明显减少；二是限制前后，未被限制的犯罪类别，提起附带民事诉讼的比例降低，但是根据本文数据统计分析可得：（1）被限制的类别案件，前后并未有明显变化；（2）未被限制犯罪类别，限制前后提起比率不断升高。司法解释限制附带民事诉讼提起范围之必要性与合理性难以令人信服。

（三）恢复附带民事诉讼法定范围，重构刑事被害人损害赔偿权救济路径，方为解决之道

司法解释限制附带民事诉讼提起范围，并未建立在大量附带民事诉讼

案件提起导致法院审判权难以行使的基础上，且所限制的犯罪类别并不是造成附带民事诉讼案件提起比率上升的原因，故限制的做法并未起到预期的法律效果，即司法限制并无必要。司法解释限制附带民事诉讼赔偿范围之后，其所起作用较小。涉及侵犯财产权利犯罪类案件提起附带民事诉讼较少，与司法解释限制附带民事诉讼提起范围作用不大，而是多种因素共同作用的结果，如法院不受理、追缴或退赔已经解决、被害人未主张权利、法院未通知被害人参加诉讼。① 司法解释限制法定附带民事诉讼范围，排除一部分财产权利型犯罪的做法，实践证明不仅没有保障被害人的物质损失得以求偿，且限制或否定了被害人的部分诉讼和诉讼权利，超越司法解释职能，有违法学基本理论要求。所以，为实现被害人权利保障，应当重新定位附带民事诉讼与替代措施，恢复附带民事诉讼原有的法定范围，将程序选择权交由被害人行使，② 并在重构刑事被害人损害赔偿权行使路径上进行深入探索。

2.2 替代性措施效果不佳

1979 年确立了责令退赔制度，2000 年司法解释将其确定为限缩附带民事诉讼范围后的替代措施，然而该类替代措施是否能够替代附带民事诉讼发挥减少争讼、提高诉讼效率的功能，还需要对物质损失的案件中，追缴或责令退赔措施在造成物质损失的案件中能否得到有效运用进行研究。概

---

① 孙盈. 相斥抑或互补：追缴退赔中刑民程序衔接机制研究：司法体制综合配套改革与刑事审判问题研究——全国法院第 30 届学术讨论会获奖论文集 [C]. 北京：国家法官学院科研部，2019：240–251.

② 姚莉，詹建红. 刑事程序选择权论要——从犯罪嫌疑人、被告人的角度 [J]. 法学家，2007（1）：137–143. 如在法国被害人可选择通过附带民事诉讼或民事诉讼获得赔偿救济。同时，英美法系国家和大陆法系国家，都将独立的民事诉讼作为其他方式不得时的最后救济手段。详细论述参见汪建成. 外国刑事诉讼第一审程序比较研究 [M]. 北京：法律出版社，2007：165–167；吴江. 美国刑事赔偿令的立法和司法实践 [J]. 中国刑事法杂志，2011（3）：115–121.

言之，本节主要围绕在司法解释限缩附带民事诉讼范围后，相关替代性措施在司法实践中的整体实施情况进行探讨。

2.2.1　替代性措施概述

对 C 市基层、中级法院进行考察，将案件分为附带民事诉讼案件、适用替代措施案件、附带民事诉讼与替代措施同时提起案件、有权提起附带民事诉讼而未提起案件、应当适用替代措施而未适用案件（见表 2.1）。

表 2.1　附带民事诉讼与替代措施适用情况

案件类型	案件数量	占比（%）
应当适用替代措施而未适用	123	9.6
适用替代措施	539	26.9
附带民事诉讼	406	20.2
有权提起附带民事诉讼而未提起	867	43.2
附带民事诉讼与替代措施同时提起	2	0.1
总计	2007	100.0

（1）被害人提起附带民事诉讼率不高。C 市两级法院的数据统计显示，造成物质损失案件共 2007 起，其中涉及附带民事诉讼的案件占比为20%左右，约 406 件。根据我国现行法律的规定，被害人只要因为犯罪行为遭受到财产上的损失或者经济上的损失，均可提起损害赔偿之诉，但通过上述数据统计可知，在总体上被害人选择通过附带民事诉讼制度来填补因犯罪行为遭受的损失的意愿较低。

（2）附带民事诉讼与替代措施同时提起的案件仅占 0.1%。这类案件多为人身权利和物质利益遭受损害的案件。公检法在各自的程序中对被告人侵犯物质利益获得的违法所得适用替代措施，被害人在审判程序阶段针对人身权利遭受侵害所产生的物质利益损失提起附带民事诉讼。

（3）适用替代措施案件占比比附带民事诉讼案件高出 6.7%，即公检法在案件过程中主动采取替代措施，追缴或责令退赔违法所得在取样的 2007 起案件中占 539 件，在物质损失类案件中占比 26.9%，比附带民事诉讼提起率高 6.7%。

（4）应当适用替代措施而未适用率与应当提起附带民事诉讼而未提起率相比较低，也即根据刑事法律规范，公检法有权在案件过程中适用替代措施但实际过程中并未适用替代措施的情形（包括被告人无财产可供执行或未主动适用）。C 市两级法院抽样的 2007 起案件中，应当适用替代措施而未适用替代措施的案件数量为 123 起，占比 9.6%。

因此可以发现，在 C 市两级法院抽样的案件中，有过半数的遭受犯罪行为侵害而致财产损失的案件，并未获得任何的司法救济或者损失填补措施。在这些案件当中，包括了被司法解释排除在附带民事诉讼调整范围之外的案件类型，也包括了被害人自愿选择放弃通过附带民事诉讼制度获得救济的情况。

2.2.2 替代措施实施效果类型

为了探究清楚替代措施有没有实施，以及实施后的实际效果如何，本节将对替代措施的具体案件进行分类分析（见表 2.2），以解决上述问题。

表 2.2 替代措施具体案件类型实际实施效果

替代措施 实施情况	全部获得退赔	退赔超过损失一半	退赔小于损失一半	未适用替代措施	合计
侵犯财产权益致物质权益损害	179	135	129	137	580
侵犯人身权益和财产权益致物质权益损害	31	30	35	54	150
其他	0	2	1	2	5

抽查 C 市两级法院案件，适用替代措施追缴或退赔全部违法所得案的

件为 210 件，占整个抽样案件总数的 2.6%。首先，对侵犯人身权益和财产权益致物质权益损害的案件为 31 起，其中全部获退赔、退赔超过一半、退赔小于一半、未适用替代措施的比率分别为 14.8%、17.8%、21.4%、27.8%。其次，侵犯财产权益致物质权益损害的案件共 179 起，其中相应的追缴或退赔情况占比分别为 85.2%、81.3%、78.2%、71%。

因此，C 市两级法院适用替代措施实际实施效果的规律如下：

（1）公检法在程序中适用替代措施，追赔侵害行为人全部违法所得，退赔被害人全部物质损失，被害人物质权益损失得以全部得到赔偿的案件，主要集中在侵犯财产权益、侵权人身和财产权益两类案型上，其他类别案件所涉及的较少。

（2）被害人通过公检法在程序中适用替代措施追回物质损失超过一半的案件，亦集中在侵犯财产权益、侵犯人身和财产权益两类案型上，其他类别案件所涉及较少。对于适用替代措施只追回不到一半损失的案件，情形也相同。

（3）未适用替代措施的案件主要分布在涉侵犯财产权益犯罪，其次是侵犯人身和财产权益类案件。相较其他实施效果的情形，在其他权益侵害类型上虽然数量仍然较少，但是位居其他实施效果类型榜首。

除了需要按照犯罪类别进行替代措施的实施效果考察以外，要研究司法解释限制附带民事诉讼赔偿范围的实际效果，以及是否达到限制目的，还需要进一步对具体罪名进行分类考察。

2.2.3　适用替代措施的罪名类型

适用替代措施的罪名类型占比见表 2.3。

表 2.3　适用替代措施的罪名类型占比

罪名类型	盗窃	诈骗	抢劫	合同诈骗	贷款诈骗	其他	合计
件数	501	32	106	9	4	30	682
占比（%）	73.5	4.7	15.5	1.3	0.6	4.4	100

从上述替代措施所涉及的具体罪名类型，可得出以下结论。

（1）盗窃罪这一以非法占有为目的、多次或者窃取公私数额较大的犯罪类型，归属侵犯财产权益的犯罪类别。在梳理 C 市两级法院涉替代措施的案件中，盗窃罪为 501 件，占适用替代措施案件的 73.5%。在其他类型中，涉及的包含盗窃罪的案件 21 件，占所有适用替代措施案件的 3.1%。因此合计盗窃罪和数罪中含有盗窃罪的案件共计 522 件，占 C 市两级法院适用替代措施案件的 76.5%，即在替代措施适用案件中，盗窃罪占据大部分比例，既具有适用附带民事诉讼的可能性也具有适用替代措施的可能性。

（2）抢劫罪这一以非法占有为目的，对他人使用暴力或暴力相威胁，或以其他方式使被害人不能抗拒，夺取财物的行为，[①] 同时侵害了被害人的人身权益和财产权益，归属前述人身和财产权益犯罪的类别。C 市两级法院实施替代措施的抢劫罪类案件共计 106 件，占 C 市两级法院适用替代措施案件的 15.5%，在所有罪名类型中占比位居第二位。此类案件亦属于既可以提起附带民事诉讼，也可以适用替代措施的案件。

（3）诈骗罪这一以非法占有为目的，使用欺骗的方式致使被害人错误地处置财产，骗取数额较大的行为，[②] 包括合同诈骗、贷款诈骗等案件类型适用替代措施的情形较少，不到 10%。

2.2.4　替代措施的适用三阶段

在对所涉具体案件类型进行考察后，若需要实际探寻司法解释限制附带民事诉讼适用范围之目的是否达到、替代措施预期效果是否得以实现，仍然有必要分侦查阶段、审查起诉阶段、审判阶段进行实施效果考察（见表 2.4）。

---

① 张明楷. 刑法学 ［M］. 5 版. 北京：法律出版社，2020：973.
② 张明楷. 刑法学 ［M］. 5 版. 北京：法律出版社，2020：1000-1001.

表 2.4　替代措施适用三阶段实际效果

	替代措施 实际效果	全部获 得退赔	获得退赔 一半以上	获得退赔 小于一半	合计
替代措施适用阶段	侦查阶段	193	120	153	466
	审查起诉阶段	2	37	4	43
	审判阶段	16	10	8	34

从表 2.4 中可以看出替代措施适用的三阶段实际效果有以下规律：

1. 侦查

侦查即指特定国家机关为收集证据、查明案件等依法进行的专门调查工作和有关的强制性措施。[①] 在 2018 年《中华人民共和国监察法》（以下简称《监察法》）颁布以前，2012 年《刑事诉讼法》将侦查定义为"公安机关、人民检察院在办理案件过程中，依照法律进行的专门调查工作和有关的强制性措施"。[②] 自 2018 年我国《监察法》通过以后，检察院的职务违法犯罪类案件被分配给监察机关办理，由法定的监察机关，依法行使相应的监督与调查上的职责权能。对于案件相关的单位或者个人，监察机关有权依照法律规定的程序，向其了解所调查案件的情况，并依法收集和调取涉案的相关证据。因此 2018 年以后，《刑事诉讼法》将"专门调查工作"删去，侦查的内容包括了讯问犯罪嫌疑人、讯问证人、勘验、监察、扣押物证书证、鉴定和通缉等方法。其中查封、扣押物证书证、查询冻结存款汇款等措施，即是对犯罪嫌疑人违法所得的追缴、退赔的替代措施实施的前置措施。根据 2012 年公安部《公安机关办理刑事案件程序规定》第 229 条，对于查封扣押冻结的违法所得财物，对被害人的合法财产以及

---

① 易延友. 刑事诉讼法：规则、原理、应用［M］. 5 版. 北京：法律出版社，2019：239.

② 王爱立. 中华人民共和国刑事诉讼法修改条文解读［M］. 北京：中国法制出版社，2018：56-58.

相应孳息权属予以明确且无争议、犯罪事实已经查清的情况下，应当在登记、拍照或者录像、估价后及时返还被害人，但是《刑事诉讼法》以及相应的司法解释并没有对侦查阶段替代措施的具体规则进行规定。

通过对 C 市两级法院适用替代措施的案件进行取样，可以发现，侦查阶段全部获得退赔、退赔一半以上、获得退赔较少的三种实际情形的案件共计 466 起。其中侦查阶段获得全部追缴赔偿、一半以上获得退赔、一半以下获得退赔的案件在三个实施阶段中占比分别为 41.4%、25.8%、32.8%，在替代措施实施情况的三种情形中占比分别为 91.6%、72.1%、92.7%，侦查阶段在替代措施内占比为 86%，即在侦查阶段，适用替代措施案件总量为 466 起，占 C 市两级法院适用替代措施案件总数 542 起的86%。可得出在刑事诉讼程序中，侦查阶段占 C 市两级法院涉替代措施案件的大多数，即 86%。

2. 审查起诉阶段

根据《刑事诉讼法》第 169 条规定，所谓的审查起诉阶段，是检察机关将公安机关，或自身的侦查部门，侦查终结而移送的申请起诉的案件，依照法律规定进行审查，以此作出是否提起公诉的刑事程序。① 至于是否公诉需要在审查起诉之后才有可能作出决定，作出提起公诉的决定后提交法院之行为才属于正式的刑事诉讼程序行为，除此之外还可能作出不予起诉的决定，故公诉并非一个独立的诉讼阶段，而审查起诉才是侦查后一个独立的诉讼阶段，这也是本书在侦查后选取审查起诉进行取样的原因。在审查起诉阶段，最主要的目的或者功能，即在于查明相关案件的犯罪事实是否清楚明白、情节的轻重大小，以及相关的证据是否达到了法律规定的确实充分，建议公诉的罪名是否准确、具体。同时审查有无漏罪和应当追究而未追究的行为，以及是否应当追究刑事责任、有无附带民事诉讼可能、侦查行为是否符合法律规定，而这些主要通过查阅案件材料、讯问犯罪嫌疑人、听取当事人及委托人的意见、通知公安机关补充证据或补充侦

---

① 易延友. 刑事诉讼法：规则、原理、应用［M］. 5 版. 北京：法律出版社，2019：426.

查，以及对证据是否合法进行审查来实现。最高人民检察院检察委员会在
2021 年《检察院刑事诉讼规则》第 360、第 363、第 387 条中明确规定，
对于与案件相关的财物处理要予以审查，判断是否是被害人的合法财产，
返还是否妥当；移送程序是否完备；追缴的财物中，对于查明或者被害人
有证据证明是其合法所拥有的财产的，且不须在法庭庭审中亮明出示或者
作为证据使用的，这部分财产应当立即返还给被害人，在返还给被害人后
还需要根据法律程序上的规定，要求被害人签字、盖章，并且在相关文件
上写明为什么返还，明确返还的理由，并按照规定程序予以附卷。通过检
索相关刑事法律规范，仅对公安机关、检察院侦查过程中扣缴的财产如何
返还被害人予以了明确的规定，对于责令退赔等措施并没有予以具体明确
的规定，而仅是侦查人员在司法实践过程中以司法习惯的形式存在。

C 市两级法院中涉及替代措施的案件，在审查起诉阶段共涉及案件 43
起。其中替代措施适用的实际情况如下：全部获得退赔、获得退赔一半以
上、获得退赔不足一半的案件占比分别为 0.8%、22.1%、2.4%，占整个
阶段替代措施实施情况的 7.8%。审查起诉阶段适用情况占比分别为
3.8%、86.8%、9.4%。

因此，通过上述取样调查，可得出审查起诉阶段在 C 市两级法院涉适
用替代措施案件中占比不到 10%，占比较低。

3. 审判阶段

审判阶段即指法院对案件进行审理和裁判的行为。审理，即指人民法
院在当事人及其代理人、公诉人以及其他参与人的参与下，调查核实涉案
证据、审查案件事实，并正确使用法律的行为，可贯穿开庭、法庭调查、
法庭辩论等诉讼环节。裁判，即指法院在查明事实情况、根据法律对被告
人进行定罪量刑、或针对程序问题进行处理的活动。[①] 人民法院在调查核
实证据的过程中若有冻结涉案的犯罪嫌疑人、被告人的存款、汇款的，对
于调查核实确实属于被害人的合法之财产，同时被害人清楚明确，对于采

---

① 樊崇义. 刑事诉讼法学 [M]. 北京：中国政法大学出版社，2013：460-476.

取了查封、冻结，以及扣押的机关应当在查明之时及时将被害人的财产予以返还。同时必须按照法律规定的程序进行拍照、鉴定或作价，同时在相应的案卷内载明为什么返还，还需要将该返还财产的原物清单、照片，以及被害人的领回手续一同附在卷中，以供后续核实调查。

通过对 C 市两级法院涉替代措施适用情况审判阶段的取样调查，首先，可发现在审判阶段适用替代措施全部获得追缴或退赔的案件 16 件，占比 7.6%；一半以上得到追缴或退赔的案件为 9 件，占比 5.8%；追缴或退赔不到一半的案件 8 件，占比 4.9%。在整个替代措施适用情况中审判阶段总占比 6.2%。其次，审判阶段在三个阶段内的占比分别为 47.6%、28.6%、23.8%。

因此，C 市两级法院在适用替代措施的审判阶段中，占比为 6.2%，占比较低。

2.2.5　替代措施适用具有一定的局限性

通过前述对 C 市两级法院关于替代措施、涉附带民事诉讼的替代措施的犯罪类别、具体涉案类型，以及发挥效用的阶段进行的数据分析可知，替代措施在实际施行过程中具有一定的实施效果，也存在一定的局限性。

1. 替代措施较附带民事诉讼更具一定的实效性

最高人民法院在 2012 年通过司法解释以追缴或退赔措施替代部分附带民事诉讼适用范围，将这部分案件类型，即犯罪人非法占有、处置被害人财物的案件，排除在附带民事诉讼调整范围之外，即被害人对此类型案件不可提起附带民事诉讼。换句话说，对这类案件，被害人自此丧失提起附带民事诉讼的可能。同时，对犯罪人的追缴、退赔情况，也成为法院在量刑时予以参酌考量的要素。该司法解释将被告人占有、处置被害人财产的情形排除在了附带民事诉讼范围之外。此条也是替代措施适用的法律规范来源。此类做法有明显的缩小附带民事诉讼提起数量的倾向，也从反面反映了司法解释旨在以替代措施减少非法占有、处置被害人财产的犯罪案件提起附带民事诉讼的数量，认为替代措施，即追缴或者责令退赔能够通过影响量刑、刺激被告人或犯罪嫌疑人主动赔偿被害人，从而达到有效全面保障被害人的财产权益的目的。司法解释通过替代措施排除了非法占有、处置财产犯罪类型的案件提起附带民事诉讼的可能，能够一定程度上保障刑事诉讼程序的顺利推进，这一点毋庸置疑。但是替代措施在司法实践中是否达到了司法解释所主张的目的，即替代措施比附带民事诉讼更能有效保障刑事被害人的财产权益，还有待商榷。

首先，通过表 2.2 可以明显看出附带民事诉讼与替代措施在保障被害人财产权益上的实际效用规律，即替代措施从数量和比率上都显示出附带民事诉讼无法比拟的优势，即替代措施适用比率较附带民事诉讼更高。在 C 市两级法院抽样调查的 2007 起案件中，通过附带民事诉讼保护财产权益的案件为 406 起，通过替代措施保护被害人财产权益的案件为 838 起。替代措施的适用案件比附带民事诉讼提起案件高出一倍，而且根据法律法规规定可以提起附带民事诉讼而放弃提起的案件多达 867 起，因此主动放弃通过附带民事诉讼获得物质权益赔偿的被害人占比将近一半。

其次，替代措施积极性、主动性较强。在 C 市两级法院涉及的物质损失案件中，通过替代措施来追缴或退赔的案件为 539 起，占据所提取的物质损失案件的 26.9%，而应适用而未适用替代措施的案件为 123 起，不到总数的 10%。

最后，从表 2.2 中附带民事诉讼和替代措施适用案件数量的比较来看，C 市两级法院适用替代措施的案件数量明显高于附带民事诉讼的提起数量。司法机关主动适用替代措施的案件为 539 起，比附带民事诉讼的提起件数 406 起要高。同时根据法律法规的规定可以提起附带民事诉讼而实际提起的案件数量占比为 31%；根据法律规定可以适用替代措施而实际适用的案件数量占比为 73.7%。可以看出替代措施的适用积极性比提起附带民事诉讼的积极性高出一倍多。因此，替代措施较附带民事诉讼在实际运用中更具效果。

2. 替代措施实际实施效果有限

根据我国《刑法》第 64 条的规定可知，犯罪人通过非法占有被害人财产或者处分被害人财产的方式进行犯罪的，可以适用该追缴、退赔制度。

结合相关的最高人民法院的司法解释可知，附带民事诉讼的赔偿范围已经通过一步步的限缩，限于因犯罪行为遭受的人身或财物侵犯所致的财产损害，而对于非法处置或者占有类型的财产犯罪，根据刑法第 64 条的规定，只能使用替代措施，即追缴或者责令退赔。显而易见，替代措施适用范围并不能囊括所有因犯罪行为遭受的物质损失，虽然对此问题本书尚无计划展开，但是本书需要讨论的另一问题则由此范围局限性延伸提出，即替代措施的实际实施效果比附带民事诉讼更能使被害人的物质损失得到弥补吗？

表 2.3 对替代措施从所涉案件人身权侵害和财产权侵害两大类别进行具体实施效果考察，可发现替代措施的适用案件中，绝大多数没有全部或者部分实现被害人所受物质损失的追缴或退赔。在所抽取的案件中仅有 28.6% 的案件适用替代措施得到了全部追缴或者退赔。大约有 22.7% 的案件通过适用替代措施获得了一半以上的追缴或退赔。只得到受物质损失一半以下的追缴或退赔案件占比 22%，没有适用替代措施获得物质损害赔偿的案件占比 26%。

因此，可见虽然替代措施在司法实践中适用积极性较附带民事诉讼更高，但是仍然有至少一半以上的案件中的被害人的物质损失没有得到全部赔偿，离司法解释所预期的目标还有一定的差距。

3. 替代措施的适用范围的局限性

替代措施的适用范围的局限性注定了其在具体犯罪类型和具体所涉罪名上的适用局限性。从表 2.3 中可以看出，替代措施具体案件类型中 79% 的涉财产权益案件适用替代措施，既侵犯财产亦侵犯人身的混合式案件适用替代措施占比 20% 左右。其他类型案件适用替代措施占比较少，不足 10%。就具体罪名而言，C 市两级法院受理的案件中，有 75% 左右的盗窃罪案件适用了替代措施，19% 的涉抢劫罪案件适用了替代措施，这一类别既侵犯了被害人的财产权益也侵犯了其人身权益，故既可以提起附带民事诉讼也可以适用替代措施，但是适用替代措施的积极性较提起附带民事诉讼更高。其他类犯罪占比不足 10%。因此，涉及盗窃罪和抢劫罪的两类具体罪名，能够反映替代措施的实际实施适用状况，也能够一定程度上显示替代措施在 C 市两级法院的实际实践效果如何。

替代措施多适用于盗窃罪、抢劫罪、诈骗罪等犯罪类型，而这些犯罪类型的犯罪行为人大多受教育程度不高、经济状况差，家庭收入难以维持生活开支需求。有学者研究指出，这类犯罪人大多为财产性犯罪人，共同存在三个方面的缺陷：是非观弱、易冲动难以控制情绪、法制观念淡薄。[①]因此通过前述研究分析，可以寻得些许结论，即附带民事诉讼的替代措施主要适用于犯罪类型为非法占有他人财物的盗窃罪、抢劫罪。实施这类针对财产的犯罪的行为人，大多文化程度不高、经济状况较差，在进入刑事程序阶段，大多由犯罪行为获得的财物已经被挥霍掉，所以公检法机关在此程序阶段适用替代措施，通过追缴、退赔填补被害人的财产损失的目的，并不能得到圆满实现，被害人因犯罪行为所承受的财产损失，并不能得到全面的弥补。

4. 审查起诉和审判阶段替代措施适用难度较高

在刑事程序中，替代措施常表现为查封、扣押、冻结等，并且贯穿侦查、审查起诉、审判三个阶段。查封、扣押、冻结主要表现为侦查人员在侦查活动中对涉案物品、款项、存款、票据等进行查封、扣押冻结的行为。前述措施既是弥补被害人损失的工具，也是查明犯罪情况的证据主要来源。[②]相较于审判阶段和审查起诉阶段，侦查阶段采取查封、扣押、冻结相关涉案物品的措施更有利于保全被害人财产、查证取证收集证据，在时间和空间上都有一定的优势。换言之，在侦查阶段与审判阶段、审查起诉阶段相较更宜采取替代措施，在前述表 2.4 中已经明显显示出这一规律。C 市两级法院审理的应适用替代措施的案件中，侦查阶段占比超过 85%，而其他两个阶段占比不足 14%。因此也可得出，替代措施在侦查阶段更符合其制度设置目的，实施效果更为明显，因此替代措施制度虽然具有一定

---

① 邵晓顺. 不同类别犯罪人犯罪心理调查研究——以 Z 省监狱服刑罪犯为样本［J］.公安学刊，2020（5）：77-86；邵晓顺. 犯罪个案研究与启示［M］. 北京：群众出版社，2013：395-400.

② 易延友. 刑事诉讼法：规则、原理、应用［M］. 5 版. 北京：法律出版社，2019：314.

的效果，但是效果阶段较为局限，主要在侦查阶段发生。

因此，通过本章对替代措施分阶段、分案型进行分析，2000年司法解释将其确定为限缩附带民事诉讼范围后的替代措施，在侦查阶段有一定的实际效果。然而，该类替代措施在审判阶段和审查起诉阶段的实施效果不甚理想，并不能完全替代附带民事诉讼发挥减少争讼、提高诉讼效率的功能。

2.3　附带民事诉讼的执行情况

附带民事诉讼不仅是调整范围过于狭窄，而且刑事诉讼程序中法院一般无权调查民事被告的财产状况的方法，也缺少采取民事保全措施的制度保障，如财产保全、先予执行。这就会使执行难问题在附带民事诉讼上的体现更加明显。① 更令人难以理解的逻辑是，法院为了减少执行率低、空判情况高的现象，在附带民事诉讼中以"赔偿能力"来决定被告人是否承担民事赔偿责任。② 为了探讨附带民事诉讼范围限制前后的变化，本节将从执行的整体状况和效果等几个方面进行分析（见表2.5至表2.7）。

表2.5　C市两级法院附带民事诉讼执行情况表

年度	执行全部到位（件数）	部分执行到位（件数）	未执行（件数）	总件数
1990 —1999	41	214	1387	1642
1990 —1999 执行率（%）	2.5	13.03	84.47	100
2001—2011	173	110	1277	1560

---

① 陈瑞华. 刑事诉讼中的问题与主义 [M]. 北京：中国人民大学出版社，2013：334；参见薛剑祥. 关于刑事自诉和附带民事诉讼案件调解情况的调研报告：刑事审判要览 [G]. 北京：法律出版社，2005.

② 广东佛山市中级人民法院课题组. 刑事附带民事诉讼案件审理与执行情况的调查报告 [J]. 法律适用，2008 (7).

续表

年度	执行全部到位 （件数）	部分执行到位 （件数）	未执行 （件数）	总件数
2001—2011 执行率（%）	11.09	7.05	81.86	100
2013—2019	93	103	1426	1622
2013—2019 执行率（%）	5.73	6.35	87.92	100

在 C 市两级执行取样中涉附带民事诉讼的执行案件，共抽取 4824 件。依照执行效果进行分类，分为执行全部到位、部分执行到位、未执行三大类。根据表 2.5 显示，1990—1999 年、2001—2011 年、2013—2019 年三个时间段中全部执行到位案件分别为 41 件、173 件、93 件，分别占总统计件数的 2.5%、11.09%、5.73%；部分执行到位案件分别为 214 件、110 件、103 件，占比分别为 13.03%、7.05%、6.35%；未执行案件分别为 1387 件、1277 件、1426 件，占比分别为 84.47%、81.86%、87.92%。可见，完全执行比率平均不足 1 成，未执行或未得到有效执行比高达 8.5 成左右，执行难问题突出。

表 2.6　C 市两级法院涉附带民事诉讼案件类型的执行率（%）

案型	交通肇事			强奸			抢劫			故意伤害			故意杀人		
年度	执行全部到位	部分执行到位	未执行	执行全部到位	部分执行到位	未执行	执行全部到位	部分执行到位	未执行	执行全部到位	部分执行到位	未执行	执行全部到位	部分执行到位	未执行
1990—1999	81.35	7.75	10.9	43.35	4.25	52.4	16	3.85	80.15	79.5	8.7	11.8	16.9	3.55	79.55
2001—2011	83.05	8.25	8.7	46.7	5.3	48	17.2	2.4	80.4	81.6	6.4	12	15.6	5.2	79.2
2013—2019	85.8	7.45	6.75	44.3	6.2	49.5	19.4	4.2	76.4	80.1	7.9	22	16.5	4.3	79.2

表 2.6 对取样的 4824 件案件进行分析，涉及附带民事诉讼执行的主要案型为交通肇事罪、强奸罪、抢劫罪、故意伤害罪、故意杀人罪五类。按照执行效果进行统计，三个时间段中交通肇事罪执行全部到位率分别为 81.35%、83.05%、85.8%，执行率较高，部分执行或未执行部分占比不到 20%。与此相似的是故意伤害罪，全部执行到位占比分别为 79.5%、81.6%、80.1%，三个时间段共计占比 8 成。强奸罪案型中，全部执行到位占比分别为 43.35%、46.7%、44.3%，平均占案型执行效果的 4.4 成；未执行率较高，分别为 52.4%、48%、49.5%，占该案性执行总数的 5 成。抢劫罪的全部执行到位比率分别为 16%、17.2%、19.4%，未执行占比分别为 80.15%、80.4%、76.4%，未得到执行占比较高。相似的犯罪类型为故意杀人罪，执行全部到位占比分别为 16.9%、15.6%、16.5%，未得到执行占比分别为 79.55%、79.2%、79.2%。可见，除交通肇事、故意伤害两类案型执行率超过 8 成以外，抽取的其他案型（抢劫、强奸、故意杀人）的未执行率都超过了 5 成。

表 2.7　C 市两级法院结案方式与执行率（%）

年度	未执行		部分执行到位		全部执行到位	
	调解	裁判	调解	裁判	调解	裁判
1990 —1999	10.55	89.07	6.17	7.48	83.28	3.45
2001—2011	10.32	89.92	6.93	6.52	82.75	3.56
2013—2019	5.86	89.95	7.6	6.6	86.54	3.45

在 C 市两级法院附带民事诉讼申请执行的案件中 1990—1999 年、2001—2011 年、2013—2019 年三个时间段（见表 2.7），以裁判方式结案申请执行且全部执行到位的案件占比分别为 3.45%、3.56%、3.45%，以调解方式结案案件的执行占比分别为 83.28%、82.75%、86.54%。可见，C 市两级法院通过调解方式全部执行到位案件数量均占 8.5 成，而以裁判形式结案案件的全部执行占比较低，不足 4%。在部分执行到位的案件中，以调解方式结案案件的数量占比分别为 6.17%、6.93%、6.6%，以裁判方

式结案案件的占比分别为 7.48%、6.52%、6.6%。方式途径在执行效果上差别不大，两种方式占比均在 0.7 成左右。未得到有效执行的案件中，通过调解方式结案案件的占比分别为 10.55%、10.32%、5.86%，通过裁判方式结案案件的占比分别为 89.07%、89.92%、89.95%，可见，以裁判方式结案的执行效果远远不及以调解方式结案的案件，执行效率平均相差可达 10 倍左右。

表 2.5—表 2.7 对于附带民事诉讼的执行情况，从案件类型、结案方式等因素考量进行了描述。在三个时间段中，刑事案件的数量并未减少，附带民事诉讼案件的数量亦是，在一些年度还呈现出增长态势。不过，需要注意的是，本章的案件提取仅限于诉讼阶段，对于侦查阶段、审查起诉阶段的案件并未涉及，故刑事程序中提起损害赔偿诉讼的案件数量远不止本章所筛选的案件数量，同时一部分案件可能会被撤案或者被检察机关做不起诉处理，因而也未被纳入提取的案件范围之内。首先，通过统计，附带民事诉讼案件申请执行的案件中，未获得执行的案件占比高达 8 成，主要集中在通过法院裁判结案或者通过调解结案后续又反悔的案件类型。其次，附带民事诉讼案件申请执行的案件类型主要集中在人身伤害类案件，如交通肇事、强奸、抢劫、故意伤害、故意杀人等按性质属于频发类的刑事案件。在 2012 年前后案件数量变动不大，其中执行率也几乎无影响，因此限制附带民事诉讼范围实无必要，同时限缩了被害人的求偿可能性。再次，调解对执行率的提升有较大影响。通过表 2.6 可以明显看见在交通肇事罪和故意伤害罪中，以调解方式结案的涉附带民事诉讼案件执行到位率高达 8 成以上。这是"先民后刑"理论影响下司法改革的积极效果，通过修订《刑事诉讼法》第 37 条并结合《刑事诉讼司法解释》第 96、第 101 条之规定，在立法上对附带民事诉讼案件的调解制度予以确认，且法院内部一度将刑事调解率作为绩效考核的考量因素之一，将调解率与个人考评、职务升迁等联系起来，迫使法官不得不作出有利于自身利益的策略调整。然而这也会导致法官偏离案件事实，盲目促成调解，从而降低审判质量，使路径偏离"审判为中心"改革方向，出现重调解轻裁判的趋势。

2.4 替代措施的救济与执行情况

替代措施的救济与执行情况，即指替代措施的实际执行效果，也就是在侦查、审查起诉、审判阶段适用替代措施予以追缴、退赔，被害人为得到赔偿的情况。本节将从相反的角度来统计分析替代措施的救济与执行情况，大致分为三种情形：一是，被害人在适用替代措施后损失未得到填补，因而继续提起损害赔偿之请求；二是，公安司法机关，在侦查阶段、审查起诉阶段，以及审判阶段适用替代措施之后，被害人因为损失仍未得以填补，提起损害赔偿之诉；三是，替代措施已经在侦查阶段，以及审查起诉或者审判阶段予以适用，但法院再次作出替代措施判决的情况。通过前述三种情形的统计，来验证替代措施的实际救济效果和执行效果（见表2.8至表2.10）。

表2.8 适用替代措施后再次要求赔偿的案件

替代措施适用后提起附带民事诉讼	全部得以追缴退赔	半数以上得以追缴退赔	半数以下得以追缴退赔	未得以追缴退赔
有	0	7	5	2
无	210	159	160	191
总计	210件	166件	165件	193件

本文对C市两级法院三个时间段的案件进行抽样，涉及替代措施的案件共计734件。在侦查阶段、审查起诉阶段、审判阶段适用追缴或退赔措施后，被害人继续在刑事程序中要求犯罪行为实施人赔偿的案件共计14件，占适用替代措施案件总数的1.9%。在适用替代措施后，被害人继续要求对犯罪行为实施人适用替代措施，以弥补损失的案件占比较低。通过表2.8可发现，继续使用替代措施要求犯罪行为实施人赔偿的类型为第一次半数以上损失通过替代措施得以弥补的案件，共计7件，占半数以上得

以追缴退赔案件的 4.2%，占继续适用替代措施追缴或退赔案件总数的 50%，占实际适用替代措施案件总数的比例不足 0.1 成。半数以下追缴退赔的案件类型继续适用替代措施要求赔偿的案件数量位居第二，共 5 件，占追缴或退赔半数以下案件总数的比例不足 0.3 成，占总适用替代措施继续索赔案件总数的 41.7%，但占适用替代措施案件总数的比例不足 0.7%。在未追缴退赔的案件中，被害人适用替代措施要求赔偿的案件为 2 件，占继续使用替代措施索赔的案件总数的 16.7%，占适用替代措施案件总数的 0.3%，而全部得以追缴退赔的案件中，被害人再次提起通过替代措施追缴、退赔的案件数为 0。在 C 市两级法院涉替代措施的案件中，适用替代措施后全部得以追缴退赔、半数得以追缴退赔、半数以下得以追缴退赔、未得以追缴退赔的案件未继续要求适用替代措施予以追缴退赔的案件数量分别为 210 件、159 件、160 件、191 件，占各自替代措施实施效果类型下案件数量的比率分别为 100%、95.8%、97%、99%，分别占 C 市法院涉替代措施总案件数的 28.6%、21.7%、21.8%、26%。

因此，我们可以得出一个结论，在 C 市两级法院已经适用替代措施予以追缴或退赔的案件中，被害人再次通过替代措施要求继续赔偿的案件数量占比极低，不足法院受理的涉替代措施案件总数的 2%。在经过侦查机关、审查起诉机关、审判机关适用替代措施追缴或退赔后，未继续要求适用替代措施进行赔偿的案件占绝大多数，占 C 市两级法院涉替代措施案件总数的 98%（见表 2.9）。

表 2.9　适用替代措施后提起附带民事诉讼的案件

替代措施适用后提起附带民事诉讼	全部得以追缴退赔	半数以上得以追缴退赔	半数以下得以追缴退赔	未得以追缴退赔
有	0	2	2	9
无	210	164	163	184
总计	210 件	166 件	165 件	193 件

本部分主要分析，当被害人在对经过公检法在侦查、审查起诉、审判

过程中适用替代措施，仍然未有效全部追缴或退赔，被害人继续向法院提出通过附带民事诉讼赔偿损失的案件情况。首先，在C市两级法院中对涉替代措施案件进行取样分析，在适用替代措施后得以全部追缴退赔所受损失的案件，在诉讼中提起附带民事诉讼的案件数量为0。适用替代措施部分得以追缴退赔（包括半数以上、半数以下得以追缴退赔的案件），继续提起民事诉讼的案件数量为4件，占适用替代措施部分得以追缴退赔案件总数的1.2%，占C市两级法院涉替代措施案件总数的比例不足0.5%。适用替代措施未得以追缴退赔的案件被告人继续提起附带民事诉讼要求赔偿的为9件，占涉替代措施案件提起附带民事诉讼案件总数的69.2%，占C市两级法院涉替代措施案件总数的1.2%。

因此，可以看出C市两级法院对涉替代措施案件，被害人继续提起附带民事诉讼的案件数量极少，仅13件，占涉替代措施案件总数的比例不足1.8%。适用替代措施的案件，未继续提起附带民事诉讼的案件数较多，共计721件，占涉替代措施案件总数的比率为98.2%。全部得以追缴退赔、部分予以追缴退赔、未得以追缴退赔的案件占比平均在95%以上。未得到追缴退赔的案件提起附带民事诉讼的相对较多，但是占比仍然未超过2%。

表2.10　适用替代措施后法院裁判继续追缴或退赔案件

法院裁判 追缴或退赔	全部得以 追缴退赔	半数以上得 以追缴退赔	半数以下得以 追缴退赔	未追缴退赔
裁判	0	14	32	27
未裁判	210	152	133	166
总计	210	166	165	193

替代措施的执行效果的第三个分析路径即是公检法在各自程序中适用替代措施后，仍然有部分损失未得偿，法院在对被告人进行裁判时，作出对尚未得偿部分追缴或退赔的判决。对这部分的考察能更加全面地展示替代措施在保护被害人的损害赔偿权益上的实际效果，与前述两个取样路径进行对比分析，以得出替代措施的执行规律。

通过对 C 市两级法院的取样分析，法院在裁判中作出追缴或退赔的判决较多的是获得半数以下追缴、退赔的案件类型，共计 32 件，占半数以下得以追缴退赔案件总数的 19.4%，占 C 市涉替代措施总案件数的 4.4%。未得以追缴退赔的案件法院裁判适用替代措施的案件数量位居第二，共 27件，占该替代措施适用效果案型的 14%，占全部得以追缴退赔案件总数的3.7%。法院裁判追缴退赔案件数量位居第三的为半数以上得以追缴退赔的案件类型，共计 14 件，占该案件类型的 8.4%，占 C 市两级法院涉替代措施案件总数的 1.9%。总之，C 市法院涉替代措施案件，最后作出追缴退赔裁判的案件总数为 73 件，占总案件数的 10%，裁判未涉及追缴退赔的案件数为 661 件，占总案件数的 90%，故 C 市两级法院适用替代措施后在裁判中继续作出追缴、退赔裁判的案件占比较小，绝大多数是案件未再适用替代措施。

综合表 2.8—表 2.10 所示的规律，可根据替代措施的救济与执行情况总结出如下规律：

首先，被害人通过替代措施寻求赔偿的积极性没有提起附带民事诉讼的积极性高。在适用追缴或退赔的案件中所占犯罪类型最多的是盗窃罪和抢劫罪，这两类犯罪与其他犯罪类型相较，犯罪行为人实施次数较多，且经济状况较差，偿还力弱。司法解释对附带民事诉讼范围进行限制的目的是防止附带民事诉讼案件提起过多，导致拖累刑事程序的进行。然而，实践表明非法占有类犯罪的案件被害人主张赔偿的积极性较弱，提起附带民事诉讼的请求也较少。可见，司法解释限制附带民事诉讼范围，将非法占有类的犯罪案件以责令退赔、追缴的措施予以替代，没有实践上的必要性与合理性。

其次，在替代措施实际实施效果章节已经指出，替代措施本身即具有不可避免的缺陷，即民事诉讼可以予以适用的财产保全、先予执行等措施在替代措施阶段无法予以适用。我国刑事法律规范并未对替代措施的具体规则做程序性规定，同时有关替代措施的性质仍然存在争议。有学者认为其实质是一种司法没收行为，依附于审判，但为一种实体权利，兼具惩罚性功能。① 还有学者认为其是一种强制性规范，无论被害人被非法占有的财产是否还存在，以及无论犯罪行为实施人是否具有赔付能力，均应当适用替代措施。② 更有学者从制度的目的论出发，认为替代措施侧重惩治罪犯，矫正获得的非法利益，因此若被害人的财产已无追回可能，或犯罪行为实施人无赔付能力，那么应当通过其他途径予以解决，替代措施不适用，③ 而法院对替代措施性质理论把握的不同，必然会在适用替代措施时作出不同的裁判。如不考虑犯罪行为实施人的经济状况或是否还持有非法占有的财物情况，一律作出追缴或退赔的裁判，此种情况被害人的得偿率极低，后续通过附带民事诉讼或另行提起单独民事诉讼的概率较高。即便是通常做法，即有退赔或追缴可能，才做出适用替代措施的情形下，并不依靠被害人启动，而是通过公检法根据具体情形予以决定是否适用。且若适用替代措施后无法追缴退赔，到裁判作出申请执行阶段，也无法提前适用财产保全、先予执行的相关措施。到真正拿到生效判决申请执行时，至少要经历 3~6 个月，备考人转移、隐匿财产的可能性增加，可能最终导致无执行可能。损害赔偿本是私域，属于民事制度规范，而替代措施的启动要依靠公检法机关，是公权力对私域的触及，其妥当性必然受到质疑。这也是表 2.4 所示的替代措施无法实现追缴或退赔后，在诉讼阶段作出追缴或退赔的判决的案件极低的原因。

最后，表 2.4 中仅有不到 10% 的案件通过追缴或退赔判决继续维护被害人损害赔偿权益，可进入执行程序的替代措施案件较少。这是因为我国刑事法律规范未对替代措施的具体执行规则予以规定，大多数法院执行人员不了解或者不熟悉追缴、退赔裁判的执行。规则的不明晰必然影响执行机关的积极性。同时，即便少数案件进入了执行程序，但是追缴或退赔裁判的执行效果并不理想。因为在侦查、审查起诉阶段无保全措施对被告人

---

① 徐安住. 论刑事司法没收 [J]. 学海，1998（4）：48-52.
② 郎胜. 中华人民共和国刑法修正案（8）释义 [M]. 法律出版社，2011：66-75.
③ 王玮. 刑事附带民事诉讼范围实证研究——以 S 省 H 市两级法院为例 [M]. 北京：法律出版社，2019：221.

的财产予以保全，导致在执行程序阶段，被告人已经被收监，无经济来源且其财产也无法查明，无财产可供执行。

总之，司法解释将非法占有、处置被害人财产的犯罪类型排除在附带民事诉讼适用范围之外，旨在减少附带民事诉讼的提起量，提高司法效率。然而无论限制与否，该类型案件通过附带民事诉讼提请赔偿的数量本就极少。即使有极少案件法院作出追缴或退赔的裁判，但能顺利进入执行程序的数量就更为有限，多以"空判"而告终。

2.5 小结

本章对 C 市两级法院附带民事诉讼、附带民事诉讼的替代措施从应然和实然层面进行了取样分析。通过案件类型划分、涉案案件数量统计，以及制度措施实施效果等进行交叉对比，对司法解释限制附带民事诉讼的合理性、必要性进行了验证，并对替代措施的实施效果与其制度预期目标进行验证。通过实证分析、量化分析将制度措施的理论合理性、可操作性具体化，总结附带民事诉讼制度、替代措施制度的实践规律，为被害人的损害赔偿路径探索提供切入点。人的行为范围有限，故诞生了代理制度，亦如本义的取样方法，受限于研究者的个人精力，只能限定一个市的两级法院进行取样分析，因此本文所总结的规律可能在其他地区有所不同，这也是本研究的局限性所在。

（一）司法解释对附带民事诉讼的法定范围进行限制不妥当

本文根据司法解释的出台时间点，将取样时间分成了三个时间段。在三个时间段前后对非法占有或处置被害人财产的犯罪类型几乎很少提起附带民事诉讼。这也是司法实践长期以来的习惯性做法，即在财产类型的犯罪中，司法机关当然负有义务对被非法占有的财物和赃款进行退赔或追缴。此种规律显示出，在司法解释对附带民事诉讼范围进行限制以前，就已经存在针对财产型犯罪的追缴或退赔习惯。同时大多数法律工作者认为非法占有或处置被害人财产的犯罪类型较少提起附带民事诉讼的首要原因是被害人未被告知或法院不受理，其次是被害人未主张自己的权利。① "被害人不知晓""法院不受理"显然亦受到司法实践通行做法和习惯的影响。因此司法解释设置附带民事诉讼的替代措施更多的是出于司法实践的定式思维，即对非法占有、处置被害人财产的犯罪类型若通过替代措施被害人的损失得以追缴或赔偿，那么当然无适用附带民事诉讼的必要。但若通过侦查、审查起诉阶段适用替代措施仍然无法弥补被害人的损失，那么即使到了审判阶段再提起附带民事诉讼也无济于事，且出于司法便利的追求，司法机关也乐于继续维持该习惯。对于财产犯罪类型的案件若提起附带民事诉讼，那么案件需要与刑事部分合并给一个合议庭予以审理，同时法院的绩效考核刑事庭往往以刑事案件进行统计，那么对额外增加工作量的附带民事诉讼部分就不那么欢迎。同时附带民事诉讼部分，要对损害具体数额进行厘清，往往需要耗费大量的精力，拉长了审判时间，必然导致法院在刑事审判中对附带民事诉讼的忽略。将追缴或退赔当作解决赔偿问题的主要办法，以此将非法占有、处置被害人财产的犯罪类型排除在附带民事诉讼的适用范围之外，显然是固有的司法习惯所致。

习惯的并非一定是合理的，我国法律效力位阶层面也一直未对附带民事诉讼的范围进行限缩。司法解释却与人大制定的法律渐行渐远，限缩附带民事诉讼的范围，从而也限制了被害人损害赔偿权的行使路径。如第一部分对现行法规的梳理，我国附带民事诉讼的适用范围为"物质损失"，根据立法本意应当包括两个部分：一是因犯罪行为所致的人身伤害而导致的经济或财产损失；二是财产损失。2000年出台的司法解释开始对附带民事诉讼的适用范围转向限缩倾向，改变了原关于审理刑事案件程序中，法院负有的强制性告知被害人或者死亡被害人的近亲属、法定代理人有提起附带民事诉讼权利的义务，将"应当告知"修改为了"可以告知"，同时

---

① 王玮. 刑事附带民事诉讼范围实证研究——以 S 省 H 市两级法院为例 [M]. 北京：法律出版社, 2019：257.

将附带民事诉讼范围缩小至人身伤害造成的物质损失或财物被犯罪行为损毁而受到的损失。因此该限缩措施可以说是对司法习惯的确认。

（二）替代措施的替代效果并不理想

从 C 市两级法院替代措施的实施效果来看，它的替代附带民事诉讼的财产类型的物质损失赔偿效果并未达到制度预期。在 C 市两级法院中全部得以追缴或退赔的案件占比约为 39%，部分和未获得追缴退赔的案件数量占比为 61%。同时，替代措施在刑事程序中发挥效用阶段有效，侦查阶段适用替代措施的案件数量占比为 86%，审查起诉阶段、审判阶段适用替代措施案件数量占比仅为 14%。通过裁判追缴或责令退赔的案件数量较少，仅占 C 市涉替代措施案件的 10%，也即有 451 件案件的被害人遭受犯罪行为侵害的损失尚未得以恢复。最后，由于继续适用替代措施的判决较少，那么相应的进入执行程序的案件就更少。同时囿于替代措施无法适用民事制度的保全措施，导致即便被害人申请执行，被告人可供执行的财产也所剩无几，只能以终结程序而告终。

（三）附带民事诉讼的执行效果受结案方式的影响较大

本节在表 2.6、表 2.7 中对附带民事诉讼的整体状况和执行效果进行了大致描绘。对取样的案件进行类型划分，附带民事诉讼的案件主要集中在交通肇事罪、强奸罪、抢劫罪、故意伤害罪、故意杀人罪等犯罪类型当中。产生这一情况的原因除了前述案件类型为频发刑事犯罪案型以外，最主要的原因为司法实务对这类案件倾向于适用附带民事诉讼制度解决，与替代措施主要解决财产类犯罪恰好互补。根据执行效果，对结案方式进行了分类考察。以裁判方式结案申请执行且全部执行到位的占比分别为 3.45%、3.56%、3.45%，以调解方式结案的执行占比为 83.28%、82.75%、86.54%。这也与恢复性司法的理论影响有关，司法改革越来越强调调解率，并将调解率纳入了绩效考核，迫使法院在解决刑事案件中纳入调解，一定程度上改变了被害人、犯罪嫌疑人、法院的行为策略的选择。调解制度一定程度上确实对执行率产生了积极影响，然而法律规范仍然未做统一规定，会导致法院在适用的时候对相同案件做出不同的处理，造成使用混乱的情形，尤其是民事规范在附带民事诉讼中的适用情况，已经不仅仅是技术问题，而更多的是制度本身的问题，因此就需要调出附带民事诉讼制度本身，在公法与私法层面去协调国家与个人之间的关系。

（四）限缩附带民事诉讼适用范围的价值取向已经不符合现行刑事司法的理念

现行刑事司法正朝着三个方向转变：一是由强调对犯罪人的惩罚和权益保护转向对被害人的权益保护；二是由传统刑事司法的报应观转向恢复性司法；三是由严厉刑罚向轻缓型刑罚转变。

首先，惩罚犯罪的观念主要经过了三个时期，即以传统的被害人为中心的"同态复仇"，到近代以犯罪人为中心的"犯罪人人权保障和惩罚改造"，至今处于恢复阶段的被害人人权保障。[①] 从犯罪人到被害人的转变，也必然导致研究方式的转变。对被害人的关注就决定了不再单是聚焦于对犯罪人的犯罪预防和惩罚，被害人被犯罪行为侵害所产生的损失如何恢复原状也回归到研究视野，譬如日本专门设立了被害人研究学会，对被害人救助问题展开系统对策研究。德国也有专门的被害人保护法律，对被害人的人格保护、二次伤害预防、附带民事诉讼程序的细化方面做了规定，均强调对被害人的损害修复。[②] 我国对被害人权益维护的法律规范多散见于各刑事法律文本当中，未有专门的法律予以规定。被害人获得赔偿权益主要是通过刑法第 36 条、第 37 条、第 64 条以及刑诉法总则编第 7 章的附带民事诉讼制度、特别程序编第 2 章的和解制度构成，但是我国附带民事诉讼范围受司法解释的严格限制，致使在实践中被害人难以获得完全的赔偿，且附带民事诉讼与其替代措施本身程序规定不明，导致被害人的赔偿

---

① 大谷实. 刑事政策学 [M]. 黎宏译. 北京：中国人民大学出版社，2009：329-330.

② 汉斯·约阿西德·施耐德. 国际范围内的被害人 [M]. 许章润译. 北京：中国人民公安大学出版社，1992：420-430.

落空。可以说我国对被害人的权益保障还处于滞后状态，需要对被害人的损害赔偿路径进行多维度的探索。

其次，在不断反思传统的"重刑轻民"思想下的过分强调对犯罪构成的判断，对犯罪行为人责任承担、刑罚的判断，对救济、恢复、预防措施的偏废，使后续的司法改革推进了恢复性司法。联合国对恢复性司法做了统一的说明，即恢复性程序包括了调解、和解，以及会和商谈，即在相关机关的主持下，促使或者为被害人与犯罪人面对面协商提供机会，给予犯罪人真诚悔罪、积极赔付的可能。① 因此与传统刑事司法相比更加关注对被害人的物质损失上的填补、心理上的抚慰。方式上更加多元化，譬如更加注重对话，通过和解、调解制度加强被害人与犯罪人之间的沟通，促成赔偿问题的解决。赋予了当事人选择权，关切被害人的需要，譬如本节表2.6 中显示以调解方式结案的案件执行率是以裁判方式结案执行率的十倍。赔偿是恢复性司法最主要的途径，刑法第 36、第 37 条对损害赔偿做了规定，但是该规定是在判决情况下予以强制的赔偿。显然这一过程缺少被害人与被告的沟通，恢复性司法中的矫正性、对被告人再犯的预防性，以及其主动悔罪的特征并未体现。我国后续通过修正刑事诉讼法的方式确立调解制度和和解制度，即是对恢复性特征的补强，如刑事和解制度为被害人对犯罪人达成谅解，为犯罪人真诚悔罪与积极赔偿提供了制度平台。虽然和解制度本身存在问题，但是并不能否认它本身所具有的恢复性特质，故恢复性司法为和解制度的设置提供了合理的理论基础，和解制度是恢复性司法的实现制度路径之一，是构建多维被害人损害赔偿保护路径不可缺少的一环。

最后，通过赔偿达到轻缓化刑罚的转变。与残酷刑罚不同，现代刑法观念已经意识到了刑罚的局限性，一味地严刑峻法并不一定会减少犯罪的再发生。犯罪人实施犯罪是外界和社会各种因素综合作用的结果，② 而赔偿是刑罚轻缓化的主要途径之一。譬如通过设立调解、和解、认罪认罚从

---

① 陈晓明. 修复性司法的理论与实践 [M]. 北京：法律出版社，2006：98-110.
② 李斯特. 德国刑法教科书 [M]. 徐久生译. 北京：法律出版社，2000：8-11.

宽制度等达到轻缓刑罚的效果，以此来激励被告人通过真诚悔罪、积极赔付，保障被害人损害赔偿权益得以实现。然而，我们也需要看到，虽然赔钱减刑一定程度上能刺激被告人的赔付积极性，但是这种刺激效用范围是有限的，对于经济状况不佳的被告人这一刺激作用亦不明显。对经济状况较好的被害人、被害人家属，这一减刑作用亦不明显。从法理上来讲也会产生同罪不同罚的争议，会使公众对案件裁判的公平公正产生质疑，而且部分犯罪人可能会因赔钱了事的观念，藐视法律，以钱换刑，重新走上犯罪道路，从而诱发新的犯罪。因此刑罚轻缓化下的具体措施一定程度上能够达到犯罪预防、赔偿被害人损失的目的，然而每个单一的制度现下都有其不可避免的缺陷。轻缓化刑罚下的各个措施都需要注意其各自的局限性，要多维度探寻被害人损害赔偿的路径，以此更好地发挥轻缓化刑罚保障被害人权益、预防犯罪方面的作用。

第3章　国外刑事被害人保护现状

3.1　被害人保护制度的发展

本章主要对刑事被害人保护状况进行梳理，以此对被害人保护制度进行追根溯源，对域外的被害人保护状况进行横向比较分析，以期收获他山攻石之效果。

被害人的地位经历了四次变动：刑罚实施者—犯罪起诉者—被遗忘的受害人—被正视的被害人。经历了血亲复仇阶段的"以牙还牙"的情绪强烈阶段，也经历过刑民分离下，正义补偿与惩罚断裂的被遗忘阶段。到了19世纪末至第二次世界大战结束，随着人权观念的发展，以及强调对被害人权益的修复，被害人的权益保障逐渐回归到研究视野，通过修复被害人权益的方式达到预防犯罪目的的制度模式开始重树被害人的主体地位。

被害人保护制度经历的四次变动，却少不了相关理论发展的推动：(1) 被害人学的发展，推动了学界将更多的目光放在了被害人与犯罪行为人的关系上，逐渐重视对被害人因犯罪行为遭受的损害的赔偿与补救。与传统的专注于犯罪行为人的研究不同，被害人学的发展为更加全面地感知犯罪行为提供了路径。经过近80多年的发展，被害人学也从关注犯罪的起因，到对被害人受犯罪行为影响的分析，再到现在的多维度对被害人进行救济，如通过提升被害人地位，使被害人参与刑事程序，有权利发表意见、了解案件情况，在法律上予以其免受二次伤害的保护，以及多维度、多路径对被害人的损害进行修复。① （2）设立由国家财政支持的补偿制度，以救济被害人无法从犯罪行为人处获得损失填补，或者犯罪行为人不明、导致被害人生活陷入困窘的情形。该制度的确立主要与税收相联系。公民纳税，从国家处获得公共服务，亦即包括了免受犯罪侵害的保障。当犯罪人无法弥补被害人损害之时，国家应予以相当的补偿措施，且至今国家补偿制度的范围有扩大化的趋势，如将精神损害这一比财产损失更严重的救济纳入国家补偿的制度范围，以抚慰被害人由于犯罪行为遭受的伤痛。② （3）女性主义的兴起。20世纪70年代女性主义学者开始关注针对女性的家庭暴力与性暴力事件，并且呼吁完善对家庭暴力、性暴力犯罪的法律规制，同时对女性受害者予以心理和法律上的救助制度保障。譬如帮助女性受害人重建心理状态、重新回归社会生活的辅助人制度，也为被害人救助体系提供了多元化的救助形式。③ （4）刑事司法改革的推动。被害人的权益逐渐受到重视的同时，对被害人权益的争取与保障的需求也就越来越强烈。被害人在刑事程序中由于保障制度不健全遭受二次伤害，判决无法得到有效执行，公平正义无法彰显，同时犯罪人再犯率提高等都促使着刑事司法在保障被害人权益的基础上，预防犯罪，完善实体性与程序性规定，如和解制度、调解制度的出现，均是在司法改革的背景下在实践中予以探索确立。

从20世纪40年代开始，被害人的权利救济问题开始进入学界研究视野。60年代开始，刑事法研究就不仅仅局限于对犯罪人的处罚问题以及制裁预防，被害人的救济与保护也进入了学界研究视野。从这一时间开始，对被害人的救济不仅仅是弥补被害人因犯罪行为受到的损失，对被害人的修复也对被告人提供了悔罪的途径，在犯罪预防与减少纠纷上也起着不小

---

① Kratcoski P C. The Criminal Justice System in Transition：Assisting Victims of Crime ［J］. Springer International Publishing，2017.

② C Leeson. " MARGERY FRY." ［J］. Howard Journal of Criminal Justice，2010，2（2）：85-87.

③ Bard M. The role of law enforcement in the helping system ［J］. Community Ment Health J，1971，7（2）：151-160.

的作用。① 至 20 世纪 60 年代，英国等国家陆续明确规定被害人享有诉讼权利，所遭受犯罪行为的损害可以获得赔偿等其他补救措施。同时代新西兰制定了世界上第一部刑事被害人的补偿法律规范，到了 70 年代，被欧洲国家广泛采用，同时为 80 年代的"国际人权"运动奠定了基础。联合国通过了《被害人人权宣言》《被害人权益保障手册》，以及《被害人权利宣言决策指南》，站在国际视角，为各国被害人保护设置了通行规则和实施保障手段，如明确规定被害人不仅仅针对案情，只要涉及其利益均可参加程序陈述其观点，并且要保障被害人及其家属免受二次伤害。对于无法从犯罪行为人处获得赔偿或补偿的，设立了一定的国家救助机制，如对于一些因遭受严重罪行伤害，身体或心理都受到重创，被害人或其受抚养人，若无法得到赔偿或补偿，可获得国家救济。在救济援助渠道上，不仅限于物质，还包括医疗、心理以及其他社会援助。② 因此在被害人权利救济路径上，域外的立法制度有值得我国借鉴的地方。本章将围绕国外刑事被害人保护现状展开分析，为本文路径探索提供些许路径预期和方向。

3.2　美国被害人权利保护

美国在被害人的损害赔偿制度建设方面体现在，于 1982 年出台了《被害人和证人保护法》，并在联邦与各州建立专门针对被害人的金钱赔偿或补偿制度，扩大救济范围，将遭受家庭暴力的受害人也纳入救济体系。在 1984 年出台了《被害人保护法》，设置了被害人基金，并将其纳入联邦政府的财政部门进行管理，专门列为财政支收计划。该基金范围并不仅仅

---

① 汉斯·约阿西德·施耐德. 国际范围内的被害人［M］. 许章润译. 北京：中国人民公安大学出版社，1992：410-425.

② 参见大谷实. 刑事政策学［M］. 黎宏译. 北京：中国人民大学出版社，2009：310-312；赵国玲. 被害人补偿立法的理论与实践［J］. 法制与社会发展，2002（3）：104-110.

局限于被害人所受的损害，还包括了减少或丧失劳动的损失，罚金、没收财产等损失也予以救济。后续也通过了关于被害人权益修复的法律规范、控制犯罪行为的法律规范和遏制暴力犯罪的法律规则，以及通过设定强制赔偿规则，对于被害人的权利义务做了更为细致的规定，并且通过提升被害人保障的法律位阶，即通过了有关被害人的权利法规，将被害人权益之保护提到了基本权利层面。[①] 1990 年实施的《被害人权益和损害修复法》中明确规定了被害人享有公平受尊重权和隐私权、免受侵害权、法庭程序进展情况悉知权、损害恢复请求权以及判决结果获得通知之权益。

美国除了对被害人的物质损失进行修复以外，也较为侧重对被害人精神上的抚慰，因为物质的填补并不足以抚平被害人所遭受犯罪行为带来的精神上的创伤。美国因此以权利法为基础建立了多元化的被害人救济制度。目的在于以下三个方面：（1）避免对被害人的二次伤害，被害人通过心理治疗进行心理重建，抚慰心理创伤，降低由犯罪行为带来的伤害；（2）对被害人的出庭、作证进行协助与陪伴，安抚被害人对刑事程序陌生带来的恐惧，保障诉讼程序的顺利进行；（3）保障被害人的权益，避免被害人受到威胁、恐吓，以及由于现行刑事法律不规范导致被害人不愿报案、不敢报案的情形出现，而该多元化的救济保障制度主要分为联邦与各州展开。在联邦政府层面，设置专门的被害人国家救济与协助机构，并且对被害人需要保障的事项予以细分，专岗专人予以保障。联邦的国家救济与协助机构的保障事项主要有以下五类：（1）一般保障事项，包括为被害人提供医疗和紧急救助住所、告知被害人可获得救济的方式方法、提供心理咨询场所与服务、提供救济的专门人员，以及可以获得的免受恐吓威胁的保障措施。（2）对于侦查过程中被害人的知情权的保障，包括告知侦查进展情况、对犯罪行为人所采取的措施，以及认罪协商内容和结果。（3）在审判程序中，需要设置被害人专门的候审空间。（4）审判程序完结后，仍然需要及时告知被害人相关犯罪人情形事由，如缓刑听证、有无脱

---

① 程滔. 刑事被害人的权利及其救济 [M]. 北京：中国法制出版社，2011：15—20.

逃、在押或死亡等。（5）其他事由，包括对于被害人被扣且与犯罪无关的物品，及时返还被害人；在保障被害人权益的过程中相关的鉴定费用由国家承担等。在各州层面，保护被害人的救济机关因州设置不同而不同。譬如亚利桑那为观护局，而得克萨斯州为律师工会等，虽然各州的主管机关设置不同，但是保障被害人的事项均包括以下内容：（1）心理救助，尤其是针对"性暴力"犯罪的被害人，设置了性暴力犯罪救助中心，对遭受重大暴力侵害的被害人予以心理干预治疗，并对后续救助工作做了明细化规定；（2）与联邦规定相似，保障被害人及其家属不受犯罪人侵扰，如帮助被害人另行安置等；（3）为被害人提供法律帮助，如帮助被害人填写损害赔偿申请表，及时向被害人反馈刑事程序进展情况等。同时，需要格外关注的是美国的检察官制度，美国检察官被定为行使政府律师的权能，即为行政官员又具有一定的裁量权能，可以决定起诉的罪名以及罪数、决定是否适用认罪认罚制度、选择审判策略等。通过对犯罪人的追诉，以及对被害人诉讼权利的完善，共同构建了较为完善的被害人权益保障网。[①]

除以上联邦与各州对被害人保障外，也通过理念更新与社会渠道的努力，构建了多方位的保护体系，也可作为我国完善被害人权益保障体系的借鉴：（1）政府积极促成被害人保护组织的参与，如从 1990 年起各州开始通过宪法修正案的形式推动被害人保护，迄今共计有近万个被害人权益维护项目在开展。同时 1986 年起关于被害人的协助组织的管理计划就开始起草拟定。（2）2004 年通过了正义法案，明确了被害人的公平正义权益需要维护。后美国通过 2008 年的被害人保护指南，详细阐述了被害人的保护政策，并且提出了要为民谋正义，势必需要为被害人实现正义。在每年的 4 月设置被害人保护周，并通过专门网站每年定期发布引导各个组织加入被害人权益维护的行为指引。[②]（3）民间被害人权益保障团体形成规模并

---

① 吕丁旺. 检察权论——以检察权的司法属性为中心［D］. 中国台湾：中正大学法律研究所，2011：20-26.

② 相关网站参见 https：//ovc. ojp. gov/ncvrw2022/overview.

专业化，至 2022 年已经有超过 2 万个被害人保护团体，并且为了提高保障专业化，还相继开设了被害人保护协助专业学校，并扩展到了美国的 30 个州，均以教授被害人学、被害人权益保障为题。① （4）设置专门的危机咨询辅导人员，为受到犯罪行为侵害的人提供心理咨询、恢复组织记忆能力，以及专职陪伴服务。

3.3　英国被害人权利保护

英国刑事法律规范对于被害人的保护，在早期，甚少在研究中予以出现。到 20 世纪 60 年代，被害人保护运动在英国展开，对被害人法律地位提升的需求，促进了研究重心的转移，从而为国家救助被害人制度的产生奠定了一定的基础。自此进入了被害人权利保护构建与完善阶段。

进入 1964 年，英国颁布实施了《刑事被害人损害国家救助框架》，经过数轮修正，至 2008 年，大致包括以下内容：（1）该框架确立了刑事被害人可以要求国家予以补偿的范围，即暴力型犯罪所致损害、非法进入轨道犯罪所致损害，以及为了制止他人犯罪中因犯罪行为所致的损害。同时对以上犯罪类型，帮助警察而产生的损害，均可以申请国家予以救助。（2）除了列举可以申请救助的犯罪类型以外，还详细列举了不能求得国家救助的具体情形。在下列情形中，国家救助的审核人员可以酌情减少或者拒绝予以补偿：若被害人并未向法定机关予以报案，且无正当理由的；被害人并未与法定机关或者警察达成合作的；被害人并未对犯罪类型的调查或者其他配合相关机关、人员的；若补偿被害人的损失，将有失公允的其他情形。（3）除了对救助类型以及不予救助的情况予以列举以外，还对救助的限度以详细价表的方式设定了具体基准。例如，对损害类型进行详细的描述：一般损害（烧伤面积达 25% 以上、遭受重伤害、瘫痪、严重精神

---

① The 2022 National Crime Victims′ Rights Week（NCVRW）Resource Guide.

性障碍、性犯罪所致伤害、感知神经受到的伤害，以及因为犯罪行为导致失去劳动能力或者部分丧失劳动能力和因为犯罪行为的伤害而支付的医疗费用等），对于该类型伤害的国家补偿范围为 1000~500000 英镑。（4）国家救助有专门机关专人专岗予以负责。CICA（The Criminal Injuries Compensation Authority），作为国家救助的专门机构，相应的救助审核人员根据该救助框架进行审查，以决定是否对被害人予以救助，同时被害人如若对该救助不服，还可以向该机关的审核小组进行上诉，予以救济，且该类救助被列为国家预算计划。[①]

　　1972 年英国首个被害人救助组织在 Bristol（布里斯托尔）成立，即 NACRO（the National Association for the Care and Resettlement of Offenders），在两年后建立起了对于需要精神康复以及经济救助的被害人的专门扶助机构，并于 1979 年成立了全国性的被害人救助联盟，建立起了全国性的被害人保护社会团体体系。英国内政部专门印刷相应的被害人救助指引资料，在被害人报案时由警察交予被害人，使被害人能够得到及时的救助或者帮助指引。与美国相似，从 1994 年开始，在每年的 2 月设置被害人保护周。内政部营业自 1991 年开始不断地完善刑事法庭的证人保护法庭，以确保被害人顺利作为证人参加诉讼，并且免受二次伤害。因此，英国对被害人的救助组织建构是国家与社会并行。英国的被害人保护的社会救助组织是以在伦敦设立的全国性被害人救助组织为核心，辐射至各个地区，该社会性救助公益组织并不隶属于国家机关。该类型的组织在为被害人及其近亲属争取权利的同时，也主要承担以下事项内容：为被害人提供心理咨询帮助，并且跟进刑事程序，帮助被害人了解案件信息，辅助被害人申请国家救助或保险相关事宜。就国家体系架构完善层面，主要代表机构为设在刑事法庭和地方法庭的证人服务中心，以保护被害人以证人身份参与诉讼，获取相关信息的权利。主要职能在于：提供专人跟进对被害人的证人服务，对参与庭审的流程、资料予以说明，引导证人出庭作证，确保与犯罪

---

① 　注：该框架详细内容可访问 https://www. justice. gov. uk/，予以查看。

人等予以区隔，帮助证人进行资料填写，并对证人所提出的案件相关问题进行解答或者负责与案件相关人员进行联系解答等。除了设置证人服务中心保护被害人作为证人时的权益以外，还设有被害人保护专线，被害人可以通过专线及时获得相关的救助服务。此类经费均由国家予以帮扶，且上述机构与国家救助的范围不同，被害人未报案的，也可请求帮助。对于一些特殊的案件，如种族歧视的案件、性犯罪的案件、暴力性的案件、未成年的案件、涉宗教信仰的案件、性别类案件、家庭暴力类案件等，可进行专门跟进处理。①

除了前述在被害人组织架构上的完善以外，英国还通过以下制度对被害人的权益进行多维度、多层面的保护：（1）将被害人的权利确定为宪法上的权利，并通过被害人保护法设置了司法机关的实务规范，譬如为被害人及时反馈案件进展情况；向被害人及时更新犯罪人的受审、是否在押、是否保释，以及判决等资讯；避免被害人受到二次恐吓与威胁；为被害人提供获得救助的渠道和信息；告知被害人可以获得帮助的社会团体组织信息等。②（2）与我国采取有限的附带民事诉讼制度不同，英国采取的是有限制的"民刑合一"制度理念。在英国被害人除了可以申请国家救助，单独提起民事诉讼要求获得损失填补以外，还可以通过赔偿令得以填补犯罪行为带来的损害。若罪犯之行为被法院裁判为有罪，法院可根据相关法律规定通过赔偿令的形式，要求犯罪人对被害人的损害予以赔偿，可以对被害人财产进行执行，在确有必要的情况下，还可令犯罪人以救济金形式赔偿被害人的损失。③（3）确立了被害人的申诉制度，通过该制度，被害人可以要求获得案件的相关信息，并且得机会或渠道向法院、相关机构表达自己的获赔请求、获得人身安全保障措施的请求，表述自己在身体、财产、心理等各个层面的损失等。（4）建立了外展工作制度，将警察、社

---

① 注，详细内容可参见 https://www.victimsupport.org.uk/。

② 注，详细实务规范内容参见 http://press.homeoffice.gov.uk/。

③ David, Miers. Offender and state compensation for victims of crime [J]. International Review of Victimology, 2014, 20 (1): 145-168.

区、医疗机构等机关联系起来，对被害人进行刑事程序信息提供、辅助证据搜集、获得法律帮助、安全保障等工作。

3.4　德国被害人权利保护

德国对于被害人的法律保护历史并不长，在 20 世纪 90 年代以前主要是在实践过程当中探索被害人保护，90 年代后开始在刑事法律规范上予以确立。主要内容体现在以下三个方面：（1）提升被害人的法律上地位；（2）提高被害人保护效率和公平参与审判程序之可能；（3）多维化被害人救济途径。将被害人的地位从单纯的证据之客体层面转向程序参与之主体地位。强化了被害人的权利地位，以及获得多维保护救济的途径。[①]

1976 年德国出台了《被害人赔偿法》，旨在解决被害人法律上的地位，尤其是为故意犯罪中的被害人，提供国家和社会组织的帮助，使所遭受的损害恢复到犯罪行为发生之前，使被害人回归正常的生活，尤其是针对犯罪人无法查明，或判决执行不到位的情形。该法于 1985 年根据 1983 年《暴力类型犯罪被害人赔偿欧洲公约》进行了修订。到 20 世纪 90 年代中期之前，关于被害人的理论发展进一步发展了《被害人赔偿法》的规定，或者说进一步被该时期的理论学说予以强化。代表论著有《被害人·犯罪学选集》[②]《被害人为导向的刑事司法》[③] 等。在实务领域尤其是针对少年犯罪行为，出现了所谓的"握手言和方案"，可在检察官或者少年法庭的允许下，对被害人与犯罪人进行调解，若达成协议可以根据法律之规定终止接下来的刑事程序，或者根据调解结果，由少年犯罪人予以适当的赔

---

① Hans-Jurgen Kerner. 德国犯罪被害人地位之强化——综览刑事政策、刑法、刑事诉讼以及实务领域之最新发展 [J]. 连孟琦译. 月旦刑事法评论，2017（9）：23.

② Kirchhoff G F, Sessar K. Das Verbrechensopfer：ein Reader zur Viktimologie [J]. 1979.

③ Safferling, Christoph J M. Das Opfer vlkerrechtlicher Verbrechen：Die Stellung der Verbrechensopfer vor dem Internationalen Strafgerichtshof [J]. Zeitschrift Für Die Gesamte Strafrechtswissenschaft，2003，115（2）.

偿，根据赔偿情况作为裁判时减轻刑罚的考量要素。① 1986 年德国联邦通过了《被害人保护法》，在多个被害人保护事项上做了更为细致的规定，并且明确了被害人的选择权，尊重被害人对自身利益的决策，被害人可以根据自身客观情况，选择提起附带民事诉讼与否，或者提起独立的民事诉讼，以维护自身利益；新增加了"通过赔偿弥补损害"作为减轻刑罚的考虑因素，丰富了原本刑罚第 46 条对量刑考量因素的规定条款。1990 年的《少年法庭改革法》中也对被害人与少年罪犯达成和解，以此少年罪犯停止被追诉，或者减轻量刑进行了细致规定，将司法实践中的和解概念写入了法律规范之中。在该法中对"被害"概念的范围是做广义理解，既包括了物质、身体之损害，也包括了精神之损害。同时扩展了被害人的保护救济方式，如未成年犯罪人向被害人道歉，或者尽力弥补被害人所受之损害等。将对未成年的教育措施进行扩张，将与被害人达成和解也囊括在内，可将完全之履行作为终止刑事程序的条件，并设置了专门的被害人与犯罪人调解办公室，专职调解被害人与犯罪人，并进行专业的职业训练。② 1994 年的重罪防治法，在改善对重罪的追诉与审判的同时，也从另一个角度设置了调解制度下带来的不予追诉或者从轻处罚的措施。在《德国刑法》第 49 条中明确了停止追诉或减轻刑罚的前置性条件：（1）被害人与犯罪行为人达成调解，并且被害人的损害得以部分或者全部之弥补；（2）犯罪行为人的弥补行为是出于真诚悔罪。

　　除前述以外，到 2016 年各联邦也通过立法对被害人的权利予以保护，如《被害人民事请求权保障法》，旨在使被害人的赔偿请求未获得完全满足之时，能够进一步获得赔偿。2006 年对《少年法庭法》进行了修正，赋予被害人对少年犯罪人提起附带民事诉讼的机会，但是相较于成年犯罪人，本次修订设置了限定性范围，仅限于严重侵害被害人人身的重罪。2009 年的刑事程序被害人权利保障的改革当中聚焦于对附带民事诉讼提

---

① Hans-Jurgen Kerner. 德国刑事追诉与制裁 [M]. 许泽天，薛智仁译. 中国台湾：元照出版社，2008：40-49.

② 注：https://www.toa-servicebuero.de/.

起要件的完善，并规定对于有特殊需要的被害人为其选任律师或者其他辅助人。2015 年的形式程序被害人权利保障的改革中，在刑事诉讼法第 406g 条设置了"证人陪伴制度"，以保障被害人作为证人时知晓刑事程序进行情况，以弥补被害人对刑事程序的信息差，避免被害人出现庭审畏惧心理。①

总之，德国在被害人权益保护方面并不限于刑事法律规范予以规制，也从社会法、民事法律规范等方面予以规制，已经形成了较为完善的被害人权益保护法律体系，使被害人从刑事程序的客体，逐渐上升为刑事程序中的主体，并且被赋予知晓、参与刑事程序的权利。其中被害人与犯罪人的调解制度、国家救济制度，以及民事损害赔偿权保障制度和证人陪伴制度等，对我国被害人多维度权益保障体系的构建具有一定的借鉴意义。

3.5　日本被害人权利保护

至 2004 年，日本已经通过《刑事诉讼以及检查审查会法规》和《被害人刑事程序保护法》，以及被提升法律位阶的《被害人基本权利法》，构建了具有自身特色的被害人权益保护法律体系架构，但是被害人的地位实质上仍然仅仅为"证人"，而非诉讼上的当事人，主要作用是作为证据的提供者，对于刑事程序中处理过程的情形知晓权保障较低。主要考量是对现有刑事法律规范体系的维护，因为若作被害人参与诉讼之规定，那么必然要在国家追诉等制度上进行构建，需要先破后立。因此日本对被害人权利的保护主要体现在以下几个层面：

---

① 注：德国刑事诉讼法第 406g 条：（1）被害人可以由证人辅助人进行陪伴，在讯问以及审判中与被害人一起参与；（2）相关辅助人需要满足 2015 年《刑事程序中证人陪伴法》中对资格的要求，报酬也遵照该陪伴法进行；（3）在第 397a 条第 1 项第 1 款、第 3 款规定的要件之下，当被害人有陪伴需求之时，得依照申请对被害人指定相应的陪伴人，被害人无须支付相应的费用。对于制定的准用第 142 条第 1 项的规定，在侦查阶段由第 162 条规定的有管辖权的法院予以决定……

首先，有限的被害人知情权。在现有法律规范中，只有被害人提告之时，方能通过刑事诉讼法第 260、第 261 条之规定收到处理情况以及相应理由。当然，法律的有限规定并不能满足实践的需要，因此警察层面已经在 1996 年开始实施被害人联络制度，并且从 2001 年开始，对犯罪人是否收押的情况告知被害人。同时刑事诉讼法还规定了检查审查制度，若被害人对不起诉决定不服，可以申请审查。对于审查之结果，必须以书面形式作出并写明理由，将决定的主要内容告知申请人，即被告人。①

其次，日本注重对被害人在审理程序中免受二次威胁的保护。刑事诉讼法第 105 条规定，对于胁迫证人的，撤销保释，同时在第 295 条明确规定了禁止告知犯罪人有关证人及其近亲属的住址信息，以避免打击报复。为了避免对被害人的二次伤害，对于可以不用公开诘问的或者必须要被告在场进行的，可以被告人退庭的方式来缓解被害人的精神压力。2000 年《刑事诉讼法以及检察审查会法》就明确规定询问证人要减轻证人的精神负担，可以通过同伴陪同、隔离措施以及线上方式进行。

再次，在被害人的刑事程序知情权保障方面，在刑事审判程序中保障被害人的参与权益，如《刑事诉讼法》第 316 条之 33 第 1 项就规定，对于因故意犯罪、强制猥亵以及强奸罪、业务过失罪等致死致伤的刑事案件，应允许被害人申请参加案件之审理。若被害人死亡或其身心受到重大创伤无法参与时，被害人的近亲属、法定代理人或律师，可以向检察官提出参见诉讼程序的申请。检察官应当加注意见后通知法院，由法院予以决定。若被允许参见诉讼，被害人或其他参加人可以出庭，可以对检察官的权力行使发表意见，得到法院许可后，可就犯罪意见、法律适用意见等，对证人进行诘问。通过此种方法，虽然未改变被害人的地位，但是一定程度上保障了被害人对刑事程序的参与和案件进展的知情、意见提出权利。②

最后，在被害人的损害赔偿救济上，将附带民事诉讼制度的适用仅限

---

① 林裕顺. 人民不再检察擅断［J］. 司法改革，2011（84）：11.

② 许福生. 犯罪被害人保护之政策与法制［M］. 中国台湾：新学林出版社，2013：105-110.

于：因故意犯罪行为致人死亡、受伤的情形，强制猥亵以及强奸罪，业务上过失致人死亡、受伤罪，以及诱拐、人口贩卖罪。被害人在辩论终结前，以侵权损害赔偿为由申请赔偿的，法院在进行有罪判决后，开展损害赔偿的请求审理程序。法院对裁判结果应当明示，若被害人在两周内未对裁判表达异议，那么该裁判与判决具有同等效力。若提出异议，刑事判决交付执行，对于民事损害赔偿的裁判无效，且视为已经向法院提起民事诉讼，刑事审判法院应当将相关案卷材料移送至民事法院。

3.6　小结

通过对美国、德国、日本对被害人权利保护情况的梳理可以发现，在被害人保护上各国法律与政策都有着共同性的表现。

第一，保护被害人权益的法律并不仅限于刑事法律规范。在民事法律规范，以及保护特殊主体的未成年人保护法、家庭暴力法中均对被害人的权益予以保护，且划定了较为细致的实施细则，形成较为成熟的具有本国特色的被害人权益保护法律体系。

第二，突破了损害赔偿的单一保护方式，被害人权益保护路径多样化，注重对被害人心理的复建、生活的重建和安置。同时借助社会力量，不仅仅是政府一力之主导，政府起到的更多是监督引导作用，与各社会组织共同构筑被害人的救助帮扶工作。同时各国发展出了具有各自特色的被害人多元保护主体模式，如以警察为主导的被害人保护模式、以检察机关为主导的被害人保护模式、以法律界为主导的被害人保护模式等。

第三，提升了被害人权益保护的法律位阶。美国通过宪法予以保障，日本等通过被害人权益保障法以基本法的方式予以保障，而我国对被害人保障的法律规范还未成体系，多散见于刑事法律规范之中。

第四，对被害人的实体与程序权利予以齐头并进的保障和维护。提升被害人的法律地位的表现在于，将其上升为宪法性基本权利予以确立，切实从法律层面强调被害人的主体地位，同时建构的刑事损害赔偿令制度以及附带民事诉讼制度，这些制度均以保障被害人的实体权益为目的。同时赋予了被害人参与诉讼、提出意见、知晓刑事程序进展状况的权益，并从程序上予以规制，从而更好地保障被害人实体权利的实现。

第五，专业化的多维被害人保护组织。在美国设置有被害人保护的全国性组织，并通过每年度发布计划，为各类民间组织提供管理协助规定指引，还有较为健全的被害人陪伴制度，以了解被害人之参审需要，为被害人提供心理、生活、法律等援助服务，并且对相关人员进行专业化培训，设置从业规则。

相较于其他国家，我国深受"重刑轻民"理念的影响，在刑事法律规范上一直强调预防犯罪与惩罚犯罪，对被害人的保护理念起步较晚。一方面，我国尚无统一的被害人保护法律规范，散见于其他刑事法律规范之中。虽然有一定条文予以规制，但是对被害人实体与程序性的权利仍然缺少原则性理论的指导，具体规定仍然零散，尚未形成统一的规制体系。另一方面，虽然我国设有附带民事诉讼制度，追缴、退赔制度，和解制度，以及认罪认罚从宽制度等，但是附带民事诉讼的范围受司法解释的严格限制，尤其是精神损害赔偿被一刀切地排除在外，更加使得被害人很难通过现有制度获得全面充分的救济。同时附带民事诉讼，以及替代措施的程序制度本身缺失，往往导致对被害人的损害赔偿即使到了判决执行阶段也无功而返。因此，无论是实体还是程序层面，我国对被害人的权益保护现状均滞后于域外相关制度的发展。我国亟须在厘清被害人保护现行制度下的司法实践状况的前提下，顺应被害人保护发展趋势，对我国刑事被害人的权益保障路径予以构建和完善。

第 4 章 多维度被害人损害赔偿保护路径探索

4.1 重构被害人损害赔偿的理论支撑

4.1.1 被害人保护路径选择的理论支撑

通过前述实证分析，可看出我国附带民事诉讼制度在实践过程中运行得不太理想，要对制度路径进行探索，前提是对理论支撑予以明晰。我国被害人损害赔偿的路径探索中附带民事诉讼范围的限缩，从理论上是由于缺乏如日本学者的对于"利益衡量论"的批判，导致不区分法的发现过程与正当化过程，使该理论缺乏反驳可能性，从而丧失理性。①为了对此进行回应，下面笔者将重点围绕日本学者对利益衡量论的观点进行展开。

第一，法律解释的价值判断与利益考量。

法律解释，即指阐明法律文义中所包含的意义。② 日本有学者认为，法律解释的意旨在于：将解决纠纷的法律，加以阐明、厘清，予以适用，

---

① 解亘，班天可.被误解和被高估的动态体系论 [J]. 法学研究，2017，39（2）：41-57.
② 杨日然.法理学 [M]. 中国台湾：三民书局股份有限公司，2005：95.

此过程是伴随着价值判断的实践。来栖三郎 1953 年在司法学会第 12 次会议上的报告论文中打破了法律解释是客观唯一正解的传统观念，认为法律的抽象性，就决定了适用者在进行解释时有多种的可能，必定会伴随自身的主观价值评价。其观点主要如下：（1）法律解释的结果并不一定是客观唯一的。（2）法律解释具有多种可能性，择一选择的过程受到主观价值判断的影响。（3）法律解释限定在法律规范的框架之内，但是该框架并非局限于一种解释。（4）框架内数种可能性如何选择，取决于规范目的以及法律政策。（5）法律解释应与社会实际结合考量得出。① 综上，来栖三郎认为，适当的法律解释应当是由各利害关系方以及不同的主观价值判断产生的解释，同时需要考量一般社会所认同的适当为何而判断，需要理论要素、时间要素、认识要素、创造要素、主客观要素等结合而得。

受来栖三郎的影响，加藤一郎认为利益衡量应当考量普通市民之立场，而不应固守法官解释活动之权威②：（1）法院裁判的基准，来自对具体案件事实中各种利益之比较衡量所得出的妥当结论，再依照法律予以检验，以及赋予其合逻辑的形式理由。③（2）利益衡量中何种利益与价值位于保护前列，是政策选择的结果，该政策理由，是对案件所做的实质考量的结论。（3）过去制定法的法规适用的事实，并不能径行地适用于现在之事实，两种看似相同的事实，其利害关系可能是不同的。（4）法律解释预期重视从现行法规中汲取意义，还不如从法规之外部赋予其意义。将重点转向事实，而并非仅进行抽象的法律解释，应结合事实进行利益衡量与价

---

① 来栖三郎. 法の解釈適用と法の遵守［J］. Journal of the Jurisprudence Association，1950：16-37；来栖三郎. 法の解釈と法律家［J］. 私法，1954：16-25.

② 加藤一郎. 民法的解释与利益衡量：民商法论丛：第 2 卷［G］. 梁慧星译. 北京：法律出版社，1994：74-95；还可参见张利春. 关于利益衡量的两种知识——兼行比较德国、日本的民法解释学［J］. 法制与社会发展，2006（5）：110-117.

③ 张利春. 关于利益衡量的两种知识——兼行比较德国、日本的民法解释学［J］. 法制与社会发展，2006（5）：110-117.

值判断，赋予其法律上的正当性。① 一如法官 Oliver Wendell Holmes 的经典语录："法律的生命不在于逻辑，而在于经验。"法律裁判并不仅仅是抽象地对条文演绎即止，而是要纳入许多立法政策以及法律对社会的理想等。② 这一观点深受美国现实主义法学影响，推崇首先围绕问题来讨论，而不是规则。③

星野英一紧随其后提出影响更大的与利益考量论相关的观点，氏认为，价值判断是伴随着实定法始终的，且价值判断贯穿法律解释，以在适应多变的社会关系时，并不必然对法安定性造成不良影响，从某种程度上来说也是维持法安定性的不可或缺的手段，需要多方面地探求价值判断的妥当性依据，而不是以单一的价值体系为基准进行解释。同时价值判断的主客观的争论，以及何种程度上是客观的，为法哲学之探讨。以现行法为研究中心的重点在于：围绕特定问题，进行具体的价值判断，追溯、探寻至更高层次的价值，进而寻找到价值体系的构成、依据。星野英一最后以我妻荣的观点总结道：实体法学者所进行的法价值之考察，并非以抽象命题为对象，而是就各种法律关系中具体的指导原理进行分析。④

综上，星野英一认为，法律解释应当立足于当下，在具体社会关系中如何对利益与价值进行取舍、如何实现价值、如何对利益加以保护。解释的第一步应当通过文义解释、理论解释探求立法者的意图，得出结论，对结论进行利益考量、价值判断，论证其妥当性，或进行修正。⑤ 对其观点具体化，就表现为如下几个方面：（1）应当将文义解释作为法律解释的基

---

① 加藤一郎. 民法的解释与利益衡量：民商法论丛：第 2 卷 [G]. 梁慧星译. 北京：法律出版社，1994：74-95；加藤一郎. 法解釈学における論理と利益衡量（ホウカイシャクガク ニオケル ロンリ ト リエキ コウリョウ）[A]. 碧海純一. 现代法学の方法（岩波講座现代法，15）[C]. 东京：岩波书店，1966. 2-11.

② 杨日然. 法理学 [M]. 中国台湾：三民书局股份有限公司，2005：94.

③ 其中有关德日利益衡量论区别的论述详见：张利春. 关于利益衡量的两种知识——兼行比较德国、日本的民法解释学 [J]. 法制与社会发展，2006（5）：110-117；以及其博士论文"日本民法中的利益衡量论研究".

④ 星野英一. 民法解释論序説 [J]. Annual of Legal Philosophy，1968：77-119.

⑤ 星野英一. 民法解释論序説 [J]. Annual of Legal Philosophy，1968：77-119.

础。一如王泽鉴教授认为的那样：文义是法律解释的开端与终点，对维持法安定性起着不可估量的作用。一般人可知晓自己行为的法律效果而期待某种法律效果，抑或采取必要措施避免某种法律效果发生。以文义解释为开端，尽可能提升法律规范的明确性，具有重要意义。（2）法律本身具有高度的技巧性，而语言本身具有多义性，法律人很难仅凭文义得出妥当的解释，需要进一步借助逻辑解释、体系解释，考量与其他法律规定的关系，解释逻辑是否通顺、位阶是否正确。（3）立法者的立法目的，是探寻法规为保护何种价值的重要线索。通过对立法者之意欲的追溯，能了解到该规范旨在处理何种社会问题、解决何种纷争、保护何种利益、价值判断的合理基础是什么。（4）在通过以上方法无法得出适当解释时，就需要首先考察社会纠葛中有何利害关系，进行类型化处理，厘清各类型间的利益状态，得出不同的法评价；其次厘清法规的适用范围，适用该法规将产生何种法律效果；最后若得数种解释之可能，应进一步探寻什么价值应怎样予以实现、什么利益应如何加以保护的价值选择问题，即就需要通过法律解释所保护之利益以及价值判断为基础，进行利益衡量。①

第二，法律解释的正当化过程与论证。

要使裁判正当化，必然会涉及论证的合理性和正当性。因为，当一种法律关系需要法律保护数种冲突利益时，就有进行利益衡量的必要；此合理衡量的合理性，就需要有一套价值标准作为评价依据，此也是价值法学发展的原因；而法律规范目的具有一定的价值判断，立法者、司法者并不能恣意取舍，但是价值标准仍然无法解决不断出现的具体问题，因此有学者认为，价值标准只能通过不断地具体化以及具体案件的类型化去克服，这一过程是漫长的，② 而在此未成熟的具体化过程中，需要几经讨论形成共同意见，此意见未必是最客观正确的，但是在当下应当说是最大限度靠

---

① 星野英一. 民法解釈論序說［J］. Annual of Legal Philosophy, 1968：77-119；星野英一. 民法の解釈のしかたとその背景（上下）［J］. 法学教室：95、97 号. 有斐閣, 1988.

② 黄茂荣. 法学方法与现代民法［M］. 北京：法律出版社, 2013：517-518、575-594.

近合理性的，且被接受的。论证是指找出理由用以支持某项主张，或者观点判断，① 而学界所谓的规范正当化中的规范论证，是指通过规范的内容规定，对行为提供标准，以此判断令行禁止。其实质意义上，是对某一行为进行判断，通过价值要素的衡量，为该行为寻求正当性依据，以此作出该行为是否正当的判断结论。②

Josef Esser 认为，在法律未进行具体规定时，法官需运用不同方式获取正当裁判。相较于仅求助于法律文字发现具体案件的解决方法，更多的是将法律文字当作解释适当的论据。氏将裁判之发现作为第一步，将嗣后的说理作为第二步。第一阶段中如何发现正当之裁判？Esser 认为可以通过法律原则和法律外的评价标准来发现，③ 然而评价标准需要在寻求正当化的过程中不断检验，其在依赖法官价值判断之余，并未指出可操作的审查裁判正当性的途径。

关于法律解释的正当化过程，日本学者平井宜雄（第三次论战）受 Richard Wasserstrom 1960 年出版的《法官如何裁判》④ 一书第 7 章中关于 "二阶证明程序"（two-level Procedure of Justification）观点的启发，区分两种程序："发现之过程" 和 "正当化之过程"，将司法决定正当化过程的性质区分为 "微观之正当化" 与 "宏观之正当化"，⑤ 认为发现之过程与正当化之过程是相互区别的。因为发现之过程是洗礼的过程，法律解释即为

---

① 卡尔·拉伦茨. 法学方法论［M］. 陈爱娥译. 北京：商务印书馆，2003：26-27.

② 颜厥安. 法、理性与论证——Robert Alexy 的法论证理论［J］. 浙江大学法律评论，2003（6）：3-60.

③ 卡尔·拉伦茨. 法学方法论［M］. 陈爱娥译. 北京：商务印书馆，2003：18-21.

④ 理查德·瓦瑟斯特罗姆. 法官如何裁判［M］. 孙海波译. 北京：中国法制出版社，2016：25-30.

⑤ 平井宜雄提出此分类，是认为两者长久被利益衡量论者所混淆。利益衡量心理发现的过程妥当，但将利益衡量作为正当化的过程，则是不妥当的。将正当化过程的性质分为微观正当化与宏观正当化。微观正当化：由大前提（法规则或判断标准）对应小前提的事实认定，得出结论；宏观正当化即大前提的正当化。同时德国学者 Robert Alexy 将法学论证区分为内部证成和外部证成。详细参见颜厥安. 法、理性与论证——Robert Alexy 的法论证理论［J］. 浙江大学法律评论，2003（6）：3-60.

法的主张，从主张到获得结论的过程就是发现的过程或心理过程；将获得的结论根据命题予以正当化的过程，即为正当化之过程。同时平井宜雄理论的最大特点还在于：价值判断、评价的问题并不局限于主观之情事，而在于主张—论证—反论—论证—再论证的互相间批判形式的议论，通过该种理论形式的合理设计，来确立合理性与客观性。① 一如卢曼所强调的，法律系统自我生产来自"自我观察"，其为"二阶观察"，法之发现的过程为一阶观察，当围绕纠纷出现法律规范上的解释，去观察立法者、判例、甚至学说是如何观察事态的，即为二阶观察，亦称为观察的观察。被观察的法律系统无法看到它所无法看到的事物，唯有通过二阶观察才可。② 在这一过程中就不得不兼顾对观点的反省，在不断地反驳—论证—再论证的过程中，观察自己所持有的判断基准和方法，并观察自己的界限。

综上，利益考量论的持有者的主要论点如下：（1）解释论是含有价值判断的实践，维持体系化，是人们为维持一贯性的追求。（2）法的实践性决定了其需要予以发现，并且进行正当化的论证。这与纯粹的自然科学的论证有着本质上的不同，而在自然科学中，发现的过程与正当化的过程并不是必然合二为一，但法律论中，若将文义解释、逻辑解释、历史分析方法、利益衡量等作为发现之方法，也构成了正当化结论的根据。（3）法律解释的形式论据是指法律明文规定下，透过文义、逻辑等解释方法呈现的形式论，即微观正当化；法律解释的实质论据，即立法者意思、利益衡量等，即为宏观正当化。（4）主张—反证—再论证这一过程除了形式、程序的正当化外，还包括实质、内容的正当化，两者不可偏废。若不断通过论证使之无限循环，或受限于静力时间以及经费的限制，难以使论证充分呈现。此种情形下，如何处理才符合公平正义之理念？仅靠宏观正当的论证

---

① 平井宜雄.「議論」の構造と「法律論」の性質"［J］.法律学基礎論の研究.有斐閣，2010（12）：63-89；平井宜雄.戦後法解釈論の批判的考察［J］.法律学基礎論の研究.有斐閣，2010（12）：113-115.

② 宾凯.法律如何可能：通过"二阶观察"的系统建构——进入卢曼法律社会学的核心［J］.北大法律评论，2006（1）：353-380.

是不够的，而应考察解决内容与解决之程序。因此，赋予法院寻求实质上的判断标准并做终局性判断，具有一定意义。

　　根据前述的实证分析，我们可以发现附带民事诉讼在被害人赔偿权益维护上已经捉襟见肘。附带民事诉讼需要在刑事诉讼案件中提起，致使被害人失去了提起民事诉讼的可能。由刑事法庭审理民事赔偿问题，本质上会使附带民事诉讼的审理与独立民事诉讼相较显得更加粗糙。司法解释将附带民事诉讼的范围限制在物质损失，那么导致精神损失的赔偿直接被排除，同时间接损失的赔偿就显得更加难以得到支持。附带民事诉讼实际适用的是民事法律规范予以裁判，然而实际情况与《民法典》侵权责任编第1164 条、第 1165 条规定的侵权责任一般原则所确定的范围脱节。同时在侦查、审查起诉阶段并没有详细财产保全、先予执行等民事保障措施，那么即便是被害人获得了附带民事诉讼的赔偿判决，也无法保障有效地执行。① 关于这一系列问题本文已经通过实证分析对 C 市两级法院的现状进行了总结，在根据实际情况进行被害人损害赔偿保护路径探索的同时，也需要进一步对路径选择背后的理论进行厘清。在对被害人损害赔偿保护制度设计和路径选择的理论支撑上，主要的理论支撑观点如下。

4.1.2　"先刑后民"的理论支撑

　　"先刑后民"的理论起源于"重刑轻民"的理念，新中国成立初始，我国刑事制度深受苏联影响，带有强烈的职权主义色彩，强调国家对各领域的干预，在法律制度上就体现为"先刑后民"的立法理念，导致立法和司法解释偏向刑事程序的顺利运行，对于附带民事诉讼的民事特征较为忽视。譬如最高法的司法解释对附带民事诉讼的赔偿范围予以限制，即是在刑事立法与民事立法存在冲突之时，选择了"刑事优先"的立法理念。在前述对 C 市两级法院的实证分析中可以发现，"先刑后民"的理念对公检

① 陈瑞华. 刑事诉讼中的问题与主义［M］. 中国人民大学出版社，2013：334.

法的实践行为产生了深刻影响，更倾向于在侦查、审查起诉阶段采取替代措施，同时附带民事诉讼制度的适用意愿不高，更不用说立法对精神损害赔偿的否定态度，亦进一步对附带民事诉讼的赔偿范围进行限缩，使其与民事侵权赔偿范围的差距进一步被拉大。

持"先刑后民"理论的学者主要认为：一方面，公诉与民事诉讼是牵连关系，附带民事诉讼的提起是由犯罪行为导致，若没有犯罪行为那么民事诉讼程序亦无继续之必要。附带民事诉讼是依附于刑事诉讼的提起，亦即是"刑事致民事停滞等待"，其实质上是强调附带民事诉讼的"附随性"，即依附于刑事诉讼程序，且不可分割。无论是民事之诉的提起、变更或消灭均以刑事审判或判决为基础，民事之诉的处理不能与刑事裁判相抵触。① 另一方面，受"重刑轻民"理念影响，法院在审理过程当中往往从简化程序出发，为了提高审判效率，避免重复诉讼、同案不同裁的情形出现，便允许刑事诉讼程序中附带提起民事赔偿问题，由法院将其作为附属事项予以裁判。将独立的刑事诉讼与民事诉讼交给一个审判机构予以审理，作出统一裁决，一定程度上提高了效率、降低了司法成本支出，避免了当事人久诉不决的情形，减轻了被害人的负担，维护了司法裁判的统一性、权威性。然而这仅仅是附带民事诉讼制度设计者的理想预设，根据前述对地方法院附带民事诉讼的实际情况调研可见，这一预想在现有制度下难以为继，在适用范围、提起率、执行率等方面，附带民事诉讼制度都面临着不小的难关。

（1）在"先刑后民"理念影响下，被害人的救济选择权被人为缩小，被害人无法单独提起民事诉讼。尽管法律规定可以在刑事程序结束之后开始启动民事之诉，包括附带民事之诉，也包括刑事裁判生效后的独立民事之诉，但在"先刑后民"的传统理念的支配下，大多数人尤其是司法机关，对被害人提起单独的民事之诉都持消极否定态度，认为既然在附带民事之诉中都无法解决被害人的赔偿问题，那么再单独提起的民事诉讼也无

---

① 卡斯东·斯特法尼. 法国刑事诉讼法精义（上）[M]. 罗结珍译. 北京：中国政法大学出版社，1998：111-120.

济于事，同时重复提起诉讼增加了司法成本。[①]

（2）缺少对民事诉讼程序的关注，必然导致刑事审理程序中的附带民事诉讼审理粗糙，如民事程序中有追加第三人制度，在刑事审理程序中，法官一般仅将被害人或法定代理人作为原告，而不会启动追加程序，因此导致本应当承担赔偿责任的个人或者单位未被追加。附带民事诉讼制度在此时更多是沦为保障刑事程序顺利进行的潦草的附带性规定。

（3）根据前述章节对我国刑诉法以及相关司法解释的梳理，虽然有关被害人权益保障的规定，在尊重和保障人权、防止冤假错案等方面发挥了巨大的作用，但是在刑事附带民事诉讼赔偿范围上，通过《刑诉解释》第155 条将以往在赔偿范围内的死亡赔偿金、残疾赔偿金通过列举式规定，排除在了赔偿范围之外，[②] 从而引发学界较大争议。根据最高人民法院司法解释起草部门编写的《关于适用〈中华人民共和国刑事诉讼法〉解释的理解与适用》一文，就指出将"两金"排除出附带民事诉讼赔偿范围主要是出于四个方面的考量：一是精神损失的范畴应当囊括了"两金"，相应的刑事责任承担的目的即在抚慰和救济被害人。因此再以"两金"赔之，有对同一犯罪行为进行双重处罚的嫌疑。第二、三种理由较为相似，即"两金"不仅赔偿额度高，且到位率低，不利于民事调解及矛盾的化解。四是根据《中华人民共和国侵权责任法》第 4、第 5 条之规定，在"两金"处理上应优先适用刑事诉讼法的规定，[③] 然而这一制度遭到了学者的猛烈批评，除与侵权责任赔偿范围不衔接外，从价值位阶上看，物质损失可通过附带民事诉讼予以赔偿，价值位阶更高的权益遭受到损失而不予赔

---

① 参见陈瑞华. 刑事诉讼中的问题与主义 [M]. 中国人民大学出版社，2013：338；刘青峰. 何以刑事附带民事诉讼判决几乎不能执行 [J]. 法制资讯，2008（2）：45-48.

② 田源. 刑事附带民事诉讼"两金"赔偿问题研究 [J]. 法学论坛，2017，32（2）：120-126.

③ 单其满. 刑事附带民事诉讼赔偿范围探析 [J]. 学理论，2013（35）：122-123；胡云腾. 关于适用《中华人民共和国刑事诉讼法》的解释理解与适用 [M]. 刑事审判参考. 北京：法律出版社，2013：119-124.

偿的做法存在着明显的逻辑不自洽，也有违一般法之理念。

（4）"先刑后民"的法理念指导下，"空判"率亦未减少。出于"刑事优先"的考量，最高人民法院限缩附带民事诉讼范围，将"被告人非法占有和处置被害人财物的犯罪类型"，适用追缴退赔这一替代措施，且持"先刑后民"观点的学者认为这一规定为强制性规范，法院无选择适用的余地。当然，也有学者认为在替代措施无法弥补被害人损失时，被害人应当有权提起附带民事诉讼。① 加之我国刑事法律规范并未对替代措施做具体程序上的规定，便导致在司法实践中出现了同案不同判的现象。譬如在替代措施实际执行情况章节中即已显示出了若在被告人无执行能力之时，大多数法院会采取不再适用替代措施的方式，但是也有少数法院采取适用替代措施的方式。采取继续适用替代措施所做的判决，往往因为被告人不具有执行能力而导致无法执行，"空判"率上升；而采取不适用替代措施的案件，是否启动替代措施的权利掌握在了司法机关手中，被害人无法自主启动替代措施程序来维护自身利益，同时替代措施制度的预期目的亦落空。可见，在"先刑后民"理念支撑下采取限缩附带民事诉讼范围的措施，目的在于提高诉讼效率、维护被害人利益、保障刑事程序顺利进行，然而最终实践结果与该目标背道而驰。执行难除了替代措施制度执行保障措施缺位外，"先刑后民"强调的先定罪量刑后民事赔偿，使量刑与赔付无关联，也致被告人积极赔付达成和解的动力不足。②

综上，可以看出将刑事程序置于民事赔偿程序之前，并将刑事判决结果作为民事赔偿的依据的做法，看似保持了刑事程序的优先性，但实质上亦磨灭了民事程序的特征，将民事程序规则吞没在刑事程序中。虽然两者都由犯罪行为产生，但是实质上是两套不同的制度：首先，民事审判遵循

---

① 参见王玮. 刑事附带民事诉讼范围实证研究——以 S 省 H 市两级法院为例［M］. 北京：法律出版社，2019：221-222.

② 参见江苏高级法院. 关于刑事附带民事诉讼若干问题的研究［J］. 刑事审判要览，2004（5）：32-40；张金海. 对附带民事诉讼案件可考虑诉前财产调查［N］. 检察日报，2008-10-06（10）.

当事人主义，审判内容由当事人提起；而刑事审判则奉行全面审查原则。其次，在诉讼参与人范围上，刑事审判中被害人多以诉讼辅助人身份参与诉讼活动，同时在民事审判程序中，原告的范围更加多样，并不仅限于犯罪行为侵害的被害人，还包括被害人的近亲属，以及法定代理人等，与案件有利害关系的单位和个人也可以作为第三人提出请求。最后，在证明标准上亦有不同。刑事审判中的证明标准比民事审判程序要求更高，刑事程序中的证明标准要求较高、较为严格，一般以排除一切合理怀疑作为证明标准，而民事审判程序中的证明标准相较于刑事证明标准，有着高度的盖然性，即证明具有较强或较高可能即可。当然，证明标准的不同和难易也决定着被害人是否能获得赔偿。将以上差别予以忽视，以刑事程序吞没民事程序，是对程序公正的牺牲，再加上刑事法律制度对侦查、审查起诉阶段的保全措施未有规定，也导致即使被害人获得赔偿判决也无法得到有效执行的困境。[①]

4.1.3　"先民后刑"的理论支撑

"先刑后民"理论支配下的制度困境使司法实务界开始探索新的路径模式，如在修订刑诉时对公诉案件的和解，以及和解协议案件的处理规则做了原则性规定，同时总结司法实践渐进式的改革经验，对刑事调解制度进行了立法，以期降低空判率。在司法实践和立法的双重作用下，"先民后刑"的理论被创设。"先民后刑"理论秉持以"调解"为前提，在刑事程序中，法院发挥着积极促成被害人与犯罪嫌疑人之间达成赔偿协议的作用，而这种"调解前置"形成了确定并履行民事赔偿义务先于刑事裁判的

---

① 注：有学者提出可以由公检机关采取查封等保障措施，并完善保障措施程序，以保障未来附带民事诉讼判决的执行，然而我国法院并无侦查、审查起诉阶段的司法审查权力。被害人若在侦查、起诉阶段提起保全而被拒绝，那么就无法获得法院的救济。这一观点忽略了我国现行司法制度因素的影响。参见，张金海. 对附带民事诉讼案件可考虑诉前财产调查 [N]. 检察日报，2008-10-6（10）.

模式。这一模式给予被害人与犯罪嫌疑人进行商谈的机会，犯罪嫌疑人可通过积极赔偿在后续的量刑过程中获得从轻的机会。[①]

"民事先行"的模式是为了对症下药解决刑事裁判空判率过高的问题。"先刑后民"的观点支配司法裁判中曾一度将犯罪嫌疑人的经济状况作为被害人是否能够获赔的重要考量，以此降低空判率，然而这一缺乏公正特质的思路不仅没有减少空判的发生，而且导致被害人由于无法获得损害救济而不断申诉，甚至上访，有违定纷止争的司法理念。这也是司法实践转向"先民后刑"理论的动因，以求通过调解来提升附带民事诉讼的结案率。当然，调解的达成仍然是"升级打怪"困难不止。这是由附带民事诉讼的特征所决定的，对其的主要判定集中在审理阶段，而在最易对犯罪嫌疑人财产采取调查、保全措施的侦查、审查起诉阶段法院往往无法介入。因此在审理阶段缺少对被告人财产情况的总体把握的情形下，法官要促成双方达成调解十分困难。因此司法实践转向将量刑与被告人民事赔偿链接起来，放弃了"先刑后民"下将定罪量刑与被告人民事赔偿完全隔绝的做法。在"民事先行"的理念指导下，法院势必需要极力推进调解制度作为刑事审判的前置程序，以便在后续刑事裁判中将被害人赔偿与量刑结合起来。

在"先民后刑"理念的支撑下，法院主要有三种模式通过附带民事诉讼制度掌握调和矛盾的主动权：一种是在刑罚执行阶段给予积极主动赔偿被害人的犯罪行为人减刑、假释的机会；另一种是在刑事审判程序结束后，刑事庭就被害人损失赔偿问题组织调解，根据调解结果达到犯罪行为人从轻量刑的机会；还有一种是在刑事审判之前，法庭就被害人损失赔偿问题提前进行调解。[②] 三种模式在一定程度上是博弈的效果，若被告人因高价不愿达成和解，将迫使法院进入刑事审判程序作出附带民事诉讼裁判，民事赔偿将进入遥遥无期的执行环节。此时被害人或愿意作出让步，

---

① 陈伟. 先民后刑，宽严相济：繁峙刑事审判最大限度增加和谐因素 [N]. 人民法院报，2008-09-17（04）.

② 陈瑞华. 刑事诉讼的前沿问题 [M]. 北京：中国人民大学出版社，2016：613.

降低赔偿要求，达成赔偿协议，往往被告人在审判结束前能赔偿到付，法院执行难问题也得到一定程度的缓解。通过现行调解，对当事人的情绪设置缓冲区，被告人进行悔罪，被害人的情绪得到一定缓解，在刑事裁判作出时，能提高定纷止争的概率。[①]"先民后刑"模式为被告人悔罪、积极履行赔付义务，从而获得从轻处罚提供了豁口。我国秉持"相对罪刑法定原则"，罪刑法定，规定了量刑幅度范围，但是往往幅度范围较大，法院有一定幅度范围内的选择权。譬如若被告人积极悔罪并进行赔付，法院就可在法定刑幅度范围内的中间点往下至最低刑之间进行选择。譬如《刑法》第234条规定的故意伤害罪，一等级是三年以下有期徒刑、拘役、管制，法院就可以根据被告人犯罪情节、悔罪表现、赔付情况等从轻量刑，即适用拘役、管制；二等级是可能被判处死刑的情形，法院可能会适用缓期执行等；三等级是三年以上十年以下有期徒刑，法院即可根据量刑因素予以考量，采较低刑罚予以量刑。前述三种情形的量刑浮动较大，更能刺激被告人积极悔罪、主动赔付，[②] 而对于法院来说，通过民事赔偿调解掌握诉讼程序的主动权，从附带民事诉讼制度的困境中解脱出来，也绕过了侦查、审查起诉阶段保障措施缺位的制度问题。

　　当然，"先民后刑"理论的正当性问题也一直是讨论的重点，反对观点主要为这种"先民后刑"的做法，衍生的"赔钱减刑"消解了司法权威、弱化了审判职能；含糊的"确有悔罪表现"的规定，为被告人购买法官的自由裁量权埋下了伏笔，[③] 有违罪刑相适应原则。法院为了促成调解，提升调解率，将精力放在促成调解达成上，忽视了自身的审判职能，同时对于故意犯罪而言，若犯罪行为未得到足够的惩戒，犯罪行为人可能会因为购买减刑的原因，再次走上犯罪道路。这与"赔钱减刑"预防犯罪的目的背道而驰。预防犯罪指通过打击犯罪或对有潜在犯罪可能的人通过明示

① 丹尼尔·W·凡奈思. 全球视野下的恢复性司法 [J]. 王莉译. 南京大学学报, 2005 (4)：130-136.

② 陈瑞华. 刑事诉讼的前沿问题 [M]. 北京：中国人民大学出版社, 2016：615.

③ 薛勇. 刑事附带民事调解对量刑的影响 [N]. 人民法院报, 2009-07-10 (7).

刑罚达到威慑行为的目的，使其在实施行为之前能够衡量行为与刑罚之间的痛苦程度。可以说，刑罚的力度一定程度上决定着刑法对犯意人的震慑程度。费尔巴哈认为"使潜在犯罪人放弃犯罪念头必须让犯罪后承担的痛苦大于快乐"。① 这是由人趋利避害的本性所决定的。然而，在"赔钱减刑"理念的驱动下，物质基础较好的犯罪人或潜在犯罪人认识到刑罚未必带来痛苦，而这一点认识在司法实践中一步步被强化，就会导致大多数人通过赎买刑罚降低刑罚对犯罪行为的威慑力，法律的权威性就会被一步步吞噬，而犯意人会一步步走向犯罪道路。对于物质基础较差的犯罪人，由于同罪不同罚，会进一步加强其反社会意识，使其对法律的公平性产生怀疑，成为新的社会不稳定性因素。因此一定程度上"先民后刑"支配下衍生的调解制度在犯罪行为预防和法律权威性保障上有不可否认的负面示范作用。

4.1.4 "刑民分离"的理论支撑

"先刑后民""先民后刑"两种理论都有各自的理论困境，因此学界出现了"刑民分离"的呼声，以此寻求附带民事诉讼的理想解决方案。前述两种理论都是同时追究行为人的刑事和民事责任，两种本质不同的制度并行必然增加案件的复杂程度，一方面使诉讼程序的简便目的落空，将附带民事诉讼塞进刑事程序无形当中使刑事程序拉长。无论是"先刑后民"主导下的简化民事程序，还是"先民后刑"主导下的倚仗调解，都偏离了刑事和民事程序的特征，违背了公平正义之法理。另一方面，讼累的问题仍然延续，追求效率是附带民事诉讼制度构建的主要目的之一，然而将两类不同的诉讼程序人为地捆绑，会导致诉讼规则、证据规则等适用错乱，在诉讼时效上面对新型复杂的案件会使刑事诉讼时限显得捉襟见肘，法院一味提高结案率也会导致匆忙结案的情形不断，引发新的社会矛盾。就算是

---

① 马克昌. 比较刑法原理［M］. 武汉：武汉大学出版社，2002：89.

附带民事诉讼制度起源的法国，也面临着需要耗费更多司法资源处理附带民事诉讼的问题，拉长的刑事审判程序也给法院的审判工作带来了颇多压力。日本认为刑民程序混合引发的问题更为严重，因而废除了一并审理的制度。德国刑事诉讼法典对民事审判程序与刑事审判程序的混同也持谨慎态度，虽然设置了受害人专门补偿程序，但是也有着严格的适用范围限制。① 前述处理方式也为我国附带民事诉讼制度改革的探索提供了新的思路。

"刑民分离"模式将民事程序与刑事程序完全分离并不现实，因此我国学界所主张的"刑民分离"模式是一种缓和的分离，也即将选择权赋予被害人。被害人可以选择在刑事审判程序中提起附带民事诉讼，也可在径行提起独立的民事诉讼，或者在得到刑事审判后，再提起独立的民事诉讼。② 然而，这一理论有赖于完备的价值体系和具体的制度支撑，若依照此理论进行改革还需要进一步的实践摸索，因此本文在此仅做一点反思性评述。

支持"刑民分离"的理由主要如下：一是"刑民分离"破解"重刑轻民"思想困局的必然之路。以刑事审判的结果决定民事赔偿，是对民事制度的忽视，会导致私人权益之保护依附于刑事审判。只有将民事程序与刑事程序完全分离，恢复它们各自的效用，才能使被害人得到有效的救济。③ 二是被害人是自己利益维护的最佳判断者，只有恢复其自由选择保护路径的权利，被害人才有机会采取最有利于自己的途径维护自身权利，实现最大限度的保障。三是从本质上解决附带民事诉讼的困境。只有将民事诉讼与刑事诉讼分离开来，被害人才能突破附带民事诉讼制度的限制，获得如精神损害等的赔偿，才能绕过刑事程序中保全措施的缺位，从而保障民事判决能得到有效执行。④

---

① 王承晔. 刑事附带民事诉讼制度改革探析 [M]. 上海：复旦大学，2011：13-16.
② 陈瑞华. 刑事诉讼的前沿问题 [M]. 北京：中国人民大学出版社，2016：608.
③ 李国民. 杜绝"法律白条"，"赔偿从轻"不是办法 [N]. 检察日报，2007-02-01 (1).
④ 陈瑞华. 刑事诉讼的前沿问题 [M]. 北京：中国人民大学出版社，2016：609.

"刑民分离"也不免俗套地落入了反复被论证的怪圈。首先是执行问题，我国法院一直是牵牛下井，在"先民后刑"上探索出了调解制度解决附带民事诉讼的保障措施、执行不到位的困境，但若将民事诉讼从刑事诉讼程序中分离出来，那么调解作为法官对被告人从轻量刑的制度就无法运行。被告人没有通过积极赔付减轻量刑的激励机制，法院不可避免地在刑事审判后就又面临执行无法进行的问题。其次，"刑民分离"思路下调解或达成和解协议等民事赔偿问题不再在刑事程序中提起，那么作为从轻处理的砝码的和解自然就会失效，对犯罪人而言丧失了悔罪机会，也导致被害人的赔偿途径减少。最后，既然"刑民分离"并未使空判率降低，同时独立的民事侵权之诉也不能保证不面临执行难问题，那么分离的意义究竟在哪？前述所提及的三种模式，无论是刑事程序中附带提起民事诉讼或在刑事审判后单独提起独立的民事诉讼，都不可避免地存在法院介入时间滞后的问题。错过了调查、保全被告人财产的最佳时机，或者法院对强制措施实施的懈怠，都会导致"刑民分离"模式与"先刑后民"模式同样的执行难问题，从而陷入乞题论证的怪圈。当然，可以单纯地将民事诉讼从刑事诉讼中独立出来，在刑事审判之前径行提起民事侵权赔偿之诉。这样看似绕过了刑事程序中的赔偿范围、赔偿标准、事先保全等的缺陷，一定程度上达到了提高执行率的效果，但是在刑事裁判未决之前就先行作出民事裁判，并予以执行，那么后期刑事判决作出与民事裁判相悖的内容该如何自洽呢？似乎又违背了"同案同裁"的基本法理念，即使法院通过撤销等行为予以回转，但是会导致民事关系处于一种随时不稳定的状态。

4.1.5 反思

前述对三种理论模式进行了简要的评析，比较了各自的优劣，可发现传统"重刑轻民"思维主导下的"先刑后民"理论被我国普遍采用，但是囿于赔偿范围、赔偿标准、执行难等限制，被司法实务和理论学界普遍批评。后续出现了两类替代性理论："先民后刑""刑民分离"，前者是司法实务界的经验总结，介入了调解制度，缓解了执行难的问题，后者是超前性司法改革，矫证刑民混淆的现状，想要民事赔偿制度恢复其本身的特质。然而，无论是传统的困境，还是改革的艰难，每一步的提出和实践都彰显着共同的困局——无论是保持现有理论，还是根据比较法经验超前地改革理论，都或多或少地存在不尽如人意的方面，理论的正当性会随着社会关系的复杂化面临更多的挑战。① 因此与其纠结于理论上的完美，还不如基于自生自发的实践经验，从适用层面根据实际效果作出探索。

4.2　被害人损害赔偿制度的完善

4.2.1　理念的矫正与司法解释的审慎

传统"重刑轻民"理念支配下的报复式司法，是以对犯罪行为人的处罚为核心，聚焦于对犯罪的打击、教育、预防，以及"先刑后民"指导下的司法效率的追求。这就导致忽视被害人在刑事程序中的地位，过分追求效率，忽视附带民事诉讼中的民事特质，边缘化被害人的法律地位，使刑罚无法抚慰被害人因犯罪行为所遭受的人身和财产上的损伤。因此，要矫正司法理念，转向"修复式"刑事司法，摆正被害人地位，尊重附带民事诉讼的民事特质，不再将刑罚作为唯一的教育、预防、惩处路径，加强多维度路径的探寻，促成恢复被害人的损害的同时，使犯罪行为人真正悔罪，达到刑事法律制度的目的。

修复式司法模式是秉持着将犯罪行为首先看作是对人际关系的破坏，其次才是法律上的违法，更加关注犯罪行为带来的现实问题。修复式司法模式欲通过多维度途径修复因犯罪行为所致的损害，并不以损害赔偿或者

---

① 　陈瑞华. 刑事诉讼的前沿问题［M］. 北京：中国人民大学出版社，2016：621.

单纯的刑罚为限，更加在意通过被害人与加害人的对话，使加害人产生对犯罪行为的悔意，自愿作出修复。若一方不愿意对话，则通过其他方式，如社区公益劳动予以恢复损害，达成修复之目的。在修复式司法模式中，放在首位的是对犯罪行为产生的损害的修复，其次是通过刑罚进行惩戒，以被害人为核心，直接在被害人与加害人之间建立对话路径，采取修复措施。①

在修复式司法模式下，应当从以下几个方面对被害人损害赔偿制度的理念进行矫正。

一是，要增加被害人诉讼参与的制度，确立其在刑事法律关系中的地位，以便其能积极地参与刑事诉讼程序或者其代表能够表达意见、能准确地表达对审判结果的期望，也表现出审判对被害人的尊重。通过设立被害人参与刑事诉讼程序的制度，提升被害人在刑事司法程序中的地位，使其不再被边缘化，但是需要注意的是，此时检察官和被害人以二比一的态势与被告人形成攻防对峙局面，因此要注意平衡双方的攻防空间，避免对被告造成过重负担。同时法院在具体定罪量刑时，被害人的意见表达需要尊重，但是对犯罪嫌疑人的定罪量刑仍然应秉持以事实为依据、以法律为准绳的原则。

二是，在修复式司法模式下，裁判的思维逻辑也会发生转变。对犯罪行为人实施刑罚，并不再单纯是惩戒，更多的是寻求被害人的谅解，达成对损害的修复，同时犯罪行为人也能重归社会。现行刑事法律规范中具有修复意义的制度如认罪认罚从宽制度、调解制度、和解制度等，要注意各个制度的配套衔接，如在侦查阶段、审查起诉阶段通过和解情况等，考量是否不予起诉，或者从宽处罚等。同时要避免"花钱减刑"的负面效应使司法裁判的权威性受到侵蚀，最后也要适度考虑被害人的意见和心声，避免加重被害人的诉讼负担，走向另一个极端。

就司法解释而言，即指最高法、最高人民检察院（以下简称最高检）

---

① 安部哲夫. ドイツにおける被害者学の生成と発展 [J]. 被害者学研究, 1996（3）: 108–110.

就具体的法律事实过程中如何运用问题而作出的具有法律效力的解释，是针对司法适用中，法律的具体适用问题所做的详细解释。当然，司法解释有存在的必要。首先，我国法律起步较晚，条文常常粗有余而细不足，缺乏可操作性，为了保证适用的统一，审判工作中常常依赖司法解释。其次，除了长期形成的依赖，法院系统内部"科层制"和"唯上""怕责"的影响，使法官对司法解释有天然青睐。不可否认的是，司法解释长期以来在我国政策司法化上有着重要的效用。我国幅员辽阔，不同地区有着不同的司法化水平，易传播的司法解释条文更有利于形成统一的裁判标准。最后，这是由我国宪法确立的基本行政司法架构所决定的。立法机关为全国人大及其常委会，而最高法、最高检是司法机关，其所产生的法律规范定不能是法律或立法行为，我国行政化司法体制下也无判例形成之可能。因此司法解释有着存在之必要性与合理性。

但由第 3 章的实证分析可知，司法解释超出全国人大及其常委会的授权范围作出的有关如附带民事诉讼适用范围的限制性解释，不仅实践中不合理，无法达到解释预期效果，也违反了司法解释应有之愿意。司法解释对法定附带民事诉讼范围之限制，即将原"物质损失"或"财产损失"之规定，限缩为"因被告人犯罪行为造成的物质损失或财物被破坏的损失"，这一限定显然背离了法律的原意，已经超出了司法解释对案件中具体法律适用问题的职责，实质上在附带民事诉讼范围上行使了立法之功能。

创设类的司法解释应当全面禁止或废止。有学者曾指出，我国司法活动中，存在大量的以解释为由脱离法律文本原意的解释。该类解释与本解释的法律文本之间存在实质上的差异，使司法解释无形中承担了立法功能。这类解释并非是司法解释，而是创设法律，是立法行为，应当全面废止。譬如本文在对被害人损害赔偿权益保护的论述核心附带民事诉讼范围的相关条文，《刑事诉讼法》第 101—104 条对附带民事诉讼的范围规定为"物质损失"而未在立法上予以限缩。然而司法解释从两个方面对其进行了限缩：一是非法占有或处置被害人的财产犯罪，适用追缴或退赔；二是非法占有或处置被害人财产的犯罪类型，不能适用附带民事诉讼。实质上，追缴或退赔，是附带民事诉讼的替代措施。这两个司法解释衍变出来的含义显然不属于刑法、刑事诉讼法的规定和文本的应有之意。在此尚不讨论司法解释的合理性，就法理而言，该司法解释已经超越了其审判具体案件针对法律问题进行解释的权能，而实质上已在行使立法职能，有违我国全国人大及其常委会的立法权和法院、检察院行使司法权的宪政体制上的职能分类，人为模糊了立法权、司法权的边界，不利于维护刑事法律规范的权威性、稳定性，也不利于构建统一的刑事法源秩序。

在全面废止创设式的司法解释的同时，可以从"指导案例"入手，以此替代创设式司法解释的发展法律规范，创制新使用规则的作用。自1985年开始我国适用指导案例制度已经有30余年，2010年《最高人民检察院关于案例指导工作的规定》开启了具有我国特色的指导性案例制度。从2011年第一批指导案例发布，到2015年最高法对指导案例的实施做了较为细致的规定，直至2018年法院的组织法中，以法律的形式明确了指导性案例的地位，在多元化被害人损害赔偿权益保护路径上，矫正刑事司法理念的同时，谨慎对待司法解释，扩展指导性案例在被害人权益保护上的指导和规范作用。首先，可以适时发布被害人权益保护的指导案例，适当扩张发布频次，扩大辐射范围。发布主体可以扩张至最高法的巡回法庭，赋予地方高级人民法院一定的指导性案例编排、选录职能。其次，优化指导性案例形成路径。摒弃垂直式的层层上报的行政化方式，采用在各级人民法院设置专门案例筛选部门，按照指导性案例标准向上级法院的遴选部门予以报送。再次，保持最高法在案例筛选中的中性色彩，只对案例进行整理、编排，不进行加工和主观改造，同时规范化指导性案例格式。最后，围绕法定定位，即其为裁判和论证的理由，必须被援引，法官无自由选择权，且负有援引与否的释明义务，以强化指导性案例的权威性。

总之，刑事司法已经从复仇型司法向修复型司法转变，不再边缘化被害人的主体地位，强调多方式解决犯罪惩罚、犯罪预防、被害人受损权益修复等问题。同时司法解释限制附带民事诉讼的范围，不但缩减了被害人损害赔偿权行使的路径，且背离了宪法对司法解释的规制。因此应当让司法解释还原到其本身的解释具体法律问题适用的功能，以指导性案例替代创设性司法解释的创制法律适用规则的功能，多维度保护被害人的损害赔偿权益。

4.2.2　裁判路径的类型化

针对附带民事诉讼制度的理论背后总是利益的角逐。正是背后的利益衡量与理论的共生形成了某一具体的制度，使这一制度有别于其他制度。然而无论是附带民事诉讼制度还是其他制度，背后的构造都是复杂的，若要完善相应的路径，仅仅厘清制度构成和理论支撑还不够，还需要对该制度进行解构，而解构的最佳方法即是类型化。① 其实质相当于模块化，通过司法实践经验的总结，朝着法律制度欲要实现的法理价值发展。在具体化的时候，通过理论价值逻辑以及显示的形式逻辑予以类型化，以避免所划分的制度类型流于形式、浮于理想之表面，于整个制度体系中形成各个层次分明的模块。同时如何应用该模块取决于其要解决的问题，如附带民事诉讼制度主要解决如何保护被害人的损害救济权益，那么该制度要处理的问题就决定着说明的方法，通过说明的方法印证既有的被害人损害赔偿制度与其类型化的一致性、检验是否有矛盾之处。② 被害人损害赔偿的范围以及如何保护完善的问题，涉及范围广，其发生的背景场所不同，而适用的利益衡量和政策判断等因素也就不同，自然解决方式也会有所不同，是难以以抽象的一般概念及逻辑体系来掌握这种具有多种表现形态的现象和意义脉络的。所以就不得不将其类型化，分类别地研究、分析其中的政策因素和解决办法，且"这种类型并非是封闭的，而是一种'开放'的体系"。在类型化的基础上，将具有共同特征的损失归为一类，形成类型的一系列构架，以方便地提炼和分析背后的考量因素和法律效果，从而能对提炼的各种因素进行具体案件中的定位，结合个案调整强弱程度，以求体

---

① 梁上上.利益衡量论［M］.法律出版社，2013：167.

② 黄茂荣.法学方法与现代民法［M］.法律出版社，2007：577.

现各类型的共性与个性，灵活处理不同类型的案件，对当事人进行合理公平的补救，使裁判合理。因此，这种灵活的方式也保证了被害人损害赔偿制度的开放性。因为类型处于个别直观及对事物的具体掌握与抽象概念之间，它比概念更加具体。① 类型的划分，以某类事物的共同点为提炼依据，但是并不排斥各自的不同，只是在共同点上有强弱之分。②如果一个科学合理的裁判的作出不能仅仅依靠抽象的概念，那么类型化也是一个不错的选择。本书分析类型化的意义也就在于，通过适当地分类并据此进行事实层面的分析，对概念背后的特殊要素进行提炼、归纳，以此，如为确立某项赔偿责任是否成立，寻找判断的基准。③

综上，可以看出，无论各个国家的立法模式有何不同，其目的都是相同的，即维护行为人行为自由和受害人利益完整性之间的平衡。无论是自由开放的立法模式，还是保守的立法模式，抑或是实用性的立法模式，主要核心就是判断纯粹经济损失可赔偿的标准是什么，也就是判断承担责任的相关因素有哪些、是否有规律可循。要达到这一目的就需要对零散的事实进行划分，以形成理性认识，因此就需要借助类型化的探讨：一方面，通过理论发展和实践的总结，确定出一种工具化的分类方法，以实现如赔偿或者补偿管制的目的。不同的原则、政策和利益隐藏在不同类型中，不同类型的案件应当区别对待。因此，我们需要确定基本差异的效力准则，保证恰当地解决问题。另一层面，需要根据类别来进行剖析，从而产生合理的规则架构，为义务的建立作出合理的解释。④ 因而，在不同的类别中，尽可能地找出并体现确定赔偿或者补偿是否存在的共有属性和基本差别，并依据这些共有的属性特点的强、弱关系建立起类别体系，使一个完整的类型序列里，各类型间之特征强度形成流动过渡，从而形成逻辑上自足的

---

① 卡尔·拉伦茨. 法学方法论 [M]. 陈爱娥译. 商务印书馆，2003：338.

② 黄茂荣. 法学方法与现代民法 [M]. 法律出版社，2007：631-640.

③ Witting C. Duty of Care: An Analytical Approach [J]. Oxford Journal of Legal Studies, 2005, 25 (1): 33-63.

④ Feinman J M. Doctrinal Classification and Economic Negligence [J]. San Diego L. rev, 1996.

类型体系。这也是本文尽力想要去研究的方向。

前述所提及的理论支撑的不同观点，其实质并不是在探究究竟是以刑事规范解决，还是以民事规范解决为核心的问题。该问题本身并不是法律关系调整上的不同。究其本质，附带民事诉讼制度之所以涉及民事法律关系和刑事法律关系，主要是类型化的结果，即生活经验转化为法律的时候，会使法律部门对同一事实的描述产生重叠。① 而围绕附带民事诉讼的冲突实质上是制度核心价值的碰撞，即理论探讨与实践操作中如何解决民刑关系问题实质上是不同的，即核心应当是去解决民事或刑事介入的时间点问题。②

（一）刑民交织密切的犯罪类型

刑民交织密切的犯罪，即同一个事实同时存在刑民两种法律关系。解决这类型犯罪行为可以根据"法律效果论"来予以类型化，即当刑事或民事法律规范评价的事实相同则各自适用各自的规范予以解决。如果法律事实相同但刑民规范各自对立，则适用规范仍然要保持各自的独立性。③ 与传统的以"违法论"来解释刑民交织问题不同，"违法论"主要是试图在刑事规范的框架下消解与民事规范的冲突，那么可能会出现吞噬民事规范特征的情况，而"法律效果论"则承认民事或刑事的各自独立性，强调刑民的范围回归到其各自的制度本质，在这一前提下强调双方的沟通。因此处理附带民事诉讼制度时不再是简单的刑事优先还是民事优先，而是根据各自法律规范的实质来确定实施适用程序。

可以分为两个类型：一是民事判断是否影响犯罪认定，譬如以诈骗罪与表见代理并存的案件为代表。在此类案件中关键是民事认定表见代理时

① 王充. 刑民交叉三论 [J]. 华东政法大学学报, 2021, 24（6）: 17-27.
② 参见松宫孝明, 钱叶六. 刑法总论讲义 [M]. 4 版补正版. 中国人民大学出版社, 2013. 79-82; 陈少青. 刑民交叉实体问题的解决路径——"法律效果论"之展开 [J]. 法学研究, 2020, 42（4）: 19.
③ 参见陈少青. 刑民交叉实体问题的解决路径——"法律效果论"之展开 [J]. 法学研究, 2020, 42（4）: 19.

需要具备损害事实和损害分配事实，而在刑事法律规范认定中仅具有损害事实即可。因此即使甲冒用乙的公章以乙公司的名义骗取他人财产，只要有骗取行为且使他人受有损害，即构成诈骗罪。即使民事程序可能认为乙对公章有信赖利益过失，甲构成表见代理，也不影响刑事犯罪的认定。因为虽然是同一事实但是它们适用的是不同的法律规范且能分离。因此在面对此类案件时应当赋予被告人选择的可能和机会，由被告人自由选择符合自身最大利益的途径予以解决，或可适用替代措施，或可独立提起民事诉讼，或可提起附带民事诉讼等。二是刑事犯罪的判定是否影响民事裁判，譬如甲通过胁迫手段要求被害人签订车辆买卖合同，同一事实可能构成刑法上的敲诈勒索罪，也可能构成民事上的可撤销法律行为。民事法律规范目的与刑事法律规范目的重叠，属于冲突型，但是两者的判定都不影响各自的独立性，无论是单独起诉还是附带提起，都应当适用民事规范判定民事可撤销法律行为问题。①

由此可看出，即便在刑民交织密切的犯罪类型之中仍然需要在各自的规范范围内予以裁判，最终命运都是各行其是，即根据各自规范作出独立判断。只是被害人保护路径的搭建需要在刑民规范冲突中通过不断对话、沟通、协调予以完善，交叉是必然的，拓宽被害人路径选择才是关键。

（二）实质为刑事犯罪的行为

实质为刑事犯罪的行为，即虽然有民事行为，但实质上触犯刑律。如假借违约金等欺骗被害人签订合同的套路贷行为，以虚假的民事法律关系掩盖刑事犯罪的事实。套路贷主要虚假民事行为形式有通过借贷关系、银行流水、设置违约先进等实施诈骗行为。同时可能通过虚假债权提起民事诉讼的形式，成为一种诉讼诈骗类型。此时民事上的合法为一种表象，诈骗犯罪类型才为实质，这也是刑事法律规范更侧重实质判断的一种体现。②

---

① 陈少青. 权利外观与诈骗罪认定［J］. 法学家，2020（2）：18.
② 陈兴良. 刑民交叉案件的刑法适用［J］. 法律科学（西北政法大学学报），2019（2）：9.

这一类型的犯罪需要刺破民事关系的面纱，回归到形式犯罪行为上。在此时，刑事审判应当优先于民事审判，在附带民事诉讼与刑事诉讼程序的处理上，应当优先处理刑事程序。

（三）实质为民事行为

实质为民事行为，从实质角度来看为民事行为，但是形式上具有刑事犯罪的特质。《刑法》第 228 条中以土地出让、转手为代表的违法行为最为突出，这一犯罪在我国法律上一直是一个具有争议的问题，那就是如果股东以股份的形式将土地使用权转让给他人，是否属于此种犯罪。在民商事领域股东转让股权是符合法律规定的，但若构成《刑法》第 228 条规定的非法转让、倒卖土地使用权罪则可能构成犯罪行为，被作出有罪判决。有学者从实质变更层面认为这里虽然形式上是发生股权转让，但是实质上是变更了土地使用权，因此应当"刺破民事面纱"，认定为犯罪行为。① 然而这种观点并没有区分刑事不法和民事不法，并不是真正意义上的实质判断。因此有学者从三个角度对其进行了总结：首先，股权不等于土地使用权，转让股权并未改变土地使用权人；其次，行政违法不等于刑事违法，虽然因为权属存在争议而进行相应的转让，可能违反土地管理法的规定，但是土地管理法的违背主要是行政违法行为，而是否构成刑事违法行为，应当于司法机关予以裁定；最后，《刑法》第 228 条保护的是国家土地管理制度，主要打击未经批准非法转让、倒卖土地使用权的犯罪行为，而以股权转让的方式转让土地使用权并不在限制范围内，根据罪刑法定原则，不构成《刑法》第 228 条规定之罪。② 这也是"法秩序统一性原则"的必然要求，即入罪需要法律明确规定，在刑民交织的案件当中，若不符合刑事构成要件，必然不为罪，若构成民事侵权行为，则以民事规则予以处理。回到附带民事诉讼制度上，若该行为是否为罪需要探讨，且民事侵权构成与否也无法及时判定，这时可先行解决是否为罪的问题；若该行为不

---

① 陈兴良.刑民交叉案件的刑法适用 [J].法律科学（西北政法大学学报），2019（2）：9.
② 周光权."刑民交叉"案件的判断逻辑 [J].中国刑事法杂志，2020（3）：18.

为罪，则直接通过独立的民事诉讼制度予以解决；若该行为民事上不违法，那么刑事程序上也无继续之必要。

总之，被害人保护上所存在的刑民究竟谁优先的争议，实质上仅仅是理论争议，并不足以应对实践的需要，要实际解决问题根本还是应落足于现行法律规范上。承认刑事规范与民事规范的各自特征，通过各自规范在具体案件中的影响强弱进行类型化，以此避免"违法论"观点导致的法秩序统一原则"形骸化"，将法律实际效果作为评判点，法律事实同一时两者才可能产生适用冲突，若规范目的明显对立，那么需要法院根据具体案件从事实上予以拆分，选择被害人保护路径。若规范目的一致，那么各规范各自考量各自的法律效果即可互不影响，但是这一系列的适用前提是扩大被害人的保护路径，而不能一刀切地将某一类型排除在附带民事诉讼之外，或者将某一类案件全部交由替代措施解决。

4.2.3 完善犯罪人财产保全制度

保全制度即以相应的程序保全未来的执行或暂时保护为目的，为民事事件。在《刑诉》第 102 条当中规定了附带民事诉讼的保全措施，分为两种行使方式：一是法院依照职权主动采取保全措施；另一种是法院依据被害人申请采取保全措施。现行法律对附带民事诉讼中的财产保全措施适用主体以及适用阶段（立案后审判完成以前）都做了明确规定。同时规定紧急情况下，若不立即采取保全措施会导致无法挽回的损失时，可以向被保全的财产所在之地、被申请人的居住地，或对案件有管辖权的法院申请，采取相应的财产保全措施。虽然附带民事诉讼本质为民事法律关系，但是由于其附随刑事程序和以行事裁判认定的事实为根据，它的司法上的效用功能也受制于该附随性。因此现行法在财产保全上仍然有以下三个方面可以进一步完善：第一，刑事法律规范或是民事法律规范均为对刑事裁判若判决无罪、免于起诉或者不予受理之时，附带民事诉讼中在该类案件中采取的保全程序，应当仅为程序性裁判而不涉及民事权利义务关系上的效果，此时当事人理应可另行单独提起民事诉讼程序，但是若已经在规定期限内予以起诉，或法院认为被害人已经提起了诉讼，那么难免会遭到法院以已经提起附带民事诉讼为由驳回，所以，更好的办法是明确规定，若出现申请了保全措施的刑事案件由于不为罪、不起诉、不受理，使保全措施依据消失之情况，应当将该附带民事诉讼移送给民事法庭，以此减轻当事人的程序性负担。第二，若刑事审判过程中附带民事诉讼中的被告在刑事裁判前死亡，而法院误认为其有罪并对附带民事诉讼做了实体性的裁判，从通常观点来看，不应当认为错误判决的刑事裁判发生法律族力。因为就算该类判决被上诉，也不可能合乎法律规定。反观附带民事之诉的裁判部分，可以就该部分依照法律规定予以上诉。即使未上诉也约束双方当事人，但是既然已经有了形式上的裁判，同时对于后续对该裁判的确定效力程序也未规定，不如明确规定告知附带民事诉讼的当事人可依再审程序解除该形式判决的效力更为妥当。① 第三，《刑诉》第 102 条规定的"查封、扣押或者冻结"财产保全得以启动的前提条件为被害人能够提供被保全人的财产情况和线索，譬如房产情况、银行账户情况，然而这些财产情况一般公民难以通过自主调查取得。公民无调查取证的权利，相应情况掌握机关一般亦不予配合，证据获得较为困难。同时，财产状况的调查直接涉及后续调解、和解的数额支持，甚至量刑上也会以此为参照。一般理性人都有追逐自身利益最大化的需求，依靠犯罪嫌疑人提供的财产情况难以客观真实。我国司法实践也发现了这一弊端，因此有关财产执行的规范，如《最高人民法院关于刑事裁判涉财产部分执行的若干规定》就规定了对被执行人的财产状况有调查权力，并且可要求相关单位进行协助。这在一定程度上降低了申请人证据取证的难度，也提高了调查的效率，有利于避免被执行人隐瞒、转移财产，还原其真实财产状况。因此将调查权利赋予公安、司法机关，避免申请人陷入取证难的困境，是提高判决执行率、保护被害人权益的路径之一。

---

① 吴明轩. 中国民事诉讼法（上）[M]. 中国台湾：三民书局，2004：140-150.

除前述附带民事诉讼中财产保全的两个不足外，我国《刑事诉讼法》也未规定先予执行制度，与财产保全制度防止财产转移不同，先予执行制度旨在及时解决被害人现下的生活困窘。一般诉讼案件至少要经历 3~6 个月的审理时间，被害人在这期间可能因犯罪行为而导致人身和财产遭受较大重创，生活陷入困顿。在 2000 年的司法解释中曾肯认了附带民事诉讼可以适用先予执行，然而在 2012 年、2018 年的修订过程中附带民事诉讼中的先予执行制度被删除，理由主要是认为采取先予执行的前提条件是犯罪嫌疑人和被害人之间的事实清楚、相应的法律关系明确。附带民事诉讼依附于刑事裁判，提前采取先予执行恐出现"执行回转"等问题，造成司法的动荡性，[①] 然而这一担忧可以通过具体化先予执行条件来解决，即便一刀切地将先予执行制度剥离出附带民事诉讼制度，也不能解决根本问题。即若在附带民事诉讼中适用先予执行，启动条件为：当事人双方权利义务明确，且不采取先予执行措施被害人的生活将受到严重的影响，且被申请人有相应的履行能力。若担心执行回转后导致被申请人财产无法回转，法院可根据案件具体情况要求申请人提供相应担保。

4.2.4 恢复附带民事诉讼范围

（一）应取消司法解释对被害人赔偿范围的划分

首先，司法解释对于附带民事诉讼替代措施的规定存在逻辑和程序保障缺陷。根据《刑法》第 64 条之规定，追缴即将通过犯罪行为违法所得收归国有。责令退赔是将犯罪行为所造成的损失按照原物价值进行退赔。没收较好理解，即通过法律规定的强制性处理方式，对犯罪人通过犯罪行为的违法所得，以及犯罪中使用的财产、违反法律强制性规定的物品，进

---

① 陈卫东，柴煜峰. 刑事附带民事诉讼制度的新发展 [J]. 华东政法大学学报，2012（5）：9.

行依法处理。① 替代措施，刚好适用于犯罪人犯罪行为获得的他人的合法财产，包括犯罪过程中所使用的财物，当然也包括使用违反法律强制性规定的物品，但是将追缴和责令退赔并列予以设置有违程序实体逻辑，通常针对的是犯罪行为违法所得，若违法所得是被害人合法财产应当返还，若属违法财物应当上缴国库，而责令退赔是损害已经发生，欲使被害人财产状态恢复到损害之前。显然，《刑法》第 64 条的设置人为地导致了替代措施之间的混乱，且损害赔偿应是实体问题，将实体问题列为程序问题，会导致执行力欠缺、手段失效的问题。因此，对于已经查明并且确定属于被害人的合法财产，应当及时退还给被害人；对于已经损害、灭失等情形即应适用民事实体法规范，如侵权责任编关于侵权责任方式的规定予以恢复原状。

其次，应当取消司法解释割裂替代措施和附带民事诉讼范围的设置。2013 年刑诉司法解释将替代措施的范围限于占有被害人财物的犯罪行为类型，这一做法违背了《刑法》第 64 条的规定。该条规定犯罪分子通过犯罪行为的违法所得，理应包括占有类型的犯罪行为。这一司法解释也与责令退赔的文义相背离，责令退赔即指原物已经损毁或不能返还时，通过赔偿来弥补损失，使被害人权利状态恢复到圆满状态，这一种损毁理应包含占有后的毁损。因为损害赔偿的前提是受有损失，无损失则无赔偿，且责任承担方式由民事实体法规范。

再次，无论是前述实证分析还是理论支撑分析都凸显了一个问题——司法解释以替代措施制度，将附带民事诉讼范围缩小为人身权利造成的损害，一定程度上限制了被害人的赔偿路径。对于盗窃、抢劫、侵占、故意毁坏财物等非财产犯罪类型，被害人仅能以替代措施责令退赔，而无法提起附带民事诉讼一直存在争议。同时替代措施无法适用民事的强制措施，导致了空判率上升，难以周全被害人的损害赔偿问题，亦值得审视。

---

① 郎胜. 中华人民共和国刑法修正案（8）释义［M］. 法律出版社，2011：66-75.

（二）适当容纳精神损害赔偿

从法律制度层面来看，《刑诉》《刑诉解释》在维护和保障人权、防止冤假错案等方面起到了很好的效果，但在赔偿的范畴上，《刑诉解释》第155 条将以前的死亡赔偿金、残疾赔偿金排除在了适用范围之外，引起了学术界较大争论。在《关于适用〈中华人民共和国刑事诉讼法〉解释的理解与适用》一章中，笔者认为，将"两金"从刑事案件中剔除出来，有三个原因：第一，这"两金"是一种心理上的损害，而且要负刑事责任，这是一种安慰和补偿的手段；第二，要求"两金"的赔偿金数额大，且落实的比例不高，对民事和解及矛盾的解决不利；第三，依照侵权责任法的相关规定，应当将"两金"作为一种特殊的法律来对待。①

但学术界却对上述四种原因进行了批评：第一，从补偿能力的角度来看，"宰大户"与"平等原则"背道而驰；第二，专家提出，"两金"的本质是物质性的，不是精神性的，而是单独的。在司法解释的层次上，中华人民共和国最高人民法院司法解释（法释〔2000〕14 号）关于附带民事诉讼的适用范围中就"由于实施了一项罪行而造成的实际损害"作出了具体的界定，而所谓的"可得利益"，指的是在未来一定会获得的"物质收益"。② 从公平的角度来看，该司法解释第 16 条和第 17 条对"两金"给予了补偿，第 22 条给予了被害人的精神损害，而《刑诉解释》第 155 条第 2 款和第 138 条第 2 款规定了"两金"作为精神上的损失，而不受理。这种规则明显违背了公正的原则，违背了法律的合理性和可信度。从法律的角度来看，目前的补偿标准是确定在最高人民法院，对于人身损害赔偿、司法解释的第 29 条明确规定城乡之间存在着很大的差距，如果把这两

---

① 参见田源. 刑事附带民事诉讼"两金"赔偿问题研究［J］. 法学论坛，2017，32（2）：7；单其满. 刑事附带民事诉讼赔偿范围探析［J］. 学理论，2013（35）：2；胡云腾. 关于适用《中华人民共和国刑事诉讼法》的解释理解与适用［M］. 刑事审判参考. 北京：法律出版社，2013：119-124.

② 田源. 刑事附带民事诉讼"两金"赔偿问题研究［J］. 法学论坛，2017（3）：120-126.

项作为一种心理损失，就会得出这样的结论：城市居民的心理权益要高于乡村居民，这显然是不合理的。"两金"造成的"空"判决，是不能作为"双倍"补偿的重要原因，但是，"两金"是否与空判具有必然的因果关系尚需实践验证，而通过限制"两金"抑制空判的做法能否奏效也值得讨论。减少国家的法律补偿，提高国家的补偿标准，其实是在损害受害者的正当利益。补偿"两金"有利于安抚受害者，也能消除对公众的普遍情感，而且增加了法律上的数额，有助于被告人主动增加赔款以换取减轻处罚。第三，排除"两金"，也不能保证解决问题。在法律上，这两项制度是促使双方达成协议的一个很大的砝码。虽然刑事诉讼法及有关的法律条文都是从各自的利益出发进行解读，但是，在当事人之间的利益博弈中，各方仍存在着和解的空间。即使被告人的经济状况不佳，也可以通过长期的索偿权来弥补。如果全部将这两项权利排除在外，那么长期的赔偿权就会失去，受害者的利益也就无法得到补偿。① 第四，排除"两金"的应用与法律位阶原理相违背。首先，我国《刑事诉讼法》中关于"因犯罪造成的财产损害"的条款，并未将"两金"排除在外；② 其次，侵权法上将"两金"与医疗费、交通费等并列，并且分别作出了精神损害的条款，均显示出立法将"两金"归位于物质损失或财产损害的意图。最后，《中华人民共和国国家赔偿法》（以下简称《国家赔偿法》）第 34 条规定了"两金"属于赔偿范围。从立法层面来分析，《刑事诉讼法》《国家赔偿法》以及《中华人民共和国民法典》的地位比《刑诉解释》要高。依《中华人民共和国立法法》第 88 条确立的上位法优先下位法的原则，应当优先适用位阶较高的法律规定，即"两金"可获得赔偿。③

① 曾世雄. 损害赔偿法原理 [M]. 中国政法大学出版社，2001：43-45；张新宝.《侵权责任法》死亡赔偿制度解读 [J]. 中国法学，2010（3）：15；汪建成. 刑事诉讼法学概论 [M]. 北京大学出版社，2001：237.

② 陈瑞华. 刑事附带民事诉讼的三种模式 [J]. 法学研究，2009（1）：18.

③ 谢佑平. 论以审判为中心的诉讼制度改革——以诉讼职能为视角 [J]. 政法论丛，2016（5）：7；陈彬. 由救助走向补偿——论刑事被害人救济路径的选择 [J]. 中国法学，2009（2）：11.

从实际效用层面来说，排除"两金"在附带民事诉讼制度中的适用也是不合适的。

第一，生命权和健康权是《中华人民共和国宪法》所规定的最重要的人权，其基本人权必须受到同等的保护，并享有同等的补偿，因而对由于犯罪而造成的期望的损失而予以补偿，这是对生命权和健康权的一种尊重。①

第二，违法行为所造成的伤害大于对人身的伤害，受害一方常常会因此而陷于困境，而对被害人的物质补偿则更为现实和重要。另外，如果不给予被害人补偿和慰藉，则可能导致更大的社会冲突，导致报复行为的恶性循环，从而使刑事法律规范的作用受到损害。

第三，将"两金"排除在外，对维护法官的权威有不利影响，而被告对判决的公正与否，则以判决的内容和获得的补偿为标准，而"两金"被取消，则使得法律机制的安抚、调解功能减弱，从而在无形中增加了矛盾的解决难度。② 同时，随着司法体制的不断完善，两者之间的冲突愈演愈烈，一方面，立案登记的数量不断增多，连带民事诉讼的数量也在不断上升；另一方面，员额制的改革还在推进，相关的配套保障还没有落实，办案压力骤然增加。在这种情况下，附带民事损害赔偿诉讼往往会拖延，使当事人之间的冲突加剧，使法官无法逃脱，使司法的权威无法得到保障。③

第四，对"两金"的补偿也是有一定的历史渊源的。例如，元代设立的"烧埋银"制度④是中国古代法制史上第一个规定杀人凶手不但要负刑事责任，还要负民事责任的法制，并为清代所沿袭；而在 1979 年全国统一

---

① 张文显. 人权保障与司法文明 [J]. 中国法律评论, 2014 (2)：4；上官丕亮. 论宪法上的生命权 [J]. 当代法学, 2007, 21 (1)：6；焦洪昌. 论作为基本权利的健康权 [J]. 中国政法大学学报, 2010 (1)：8.

② 刘少军. 论"先民后刑"刑事附带民事诉讼程序的构建——兼论《刑事诉讼法修正案》对附带民事诉讼制度的改革 [J]. 政治与法律, 2012 (11)：10.

③ 大谷实. 犯罪被害人及其补偿 [J]. 黎宏译. 中国刑事法杂志, 2000 (2)：6；陈学权. 论死亡赔偿金在我国刑事附带民事诉讼中的适用 [J]. 法学杂志, 2013, 34 (8)：10.

④ 元史·刑法志 [M]. 中华书局, 1976：2687.

的法律施行之前，藏族人民调解杀人案中的一项主要措施就是"赔命价"。

从法经济分析层面来看，在精神损失能否得到赔偿的问题上，需要面临一个重要的挑战，即对精神损失一概地保护，势必会过度限制被告人的自由，拖延刑事进程。在对精神损害可赔偿性从理论和实践角度进行分析后，笔者将从法经济角度进一步对其可赔偿性进行补充。此类损失的开先河者 Bishop 指出，对此类损失赔偿与否的争论，来自对社会损失（指事故使整体社会受有的损失）和私人损失（指被害者所受损失）间的分歧。最重要的问题在于如何正确地认定事故预期损害的规模。因为，加害人须就对社会的损害负损害赔偿责任，才能产生吓阻行为再次发生的效果，从而构成他们行动的外部效果。行为人对损害采取的预防程度也取决于发生事故造成的损害的严重性。若损害程度低或发生概率低，就不能寄望行为人花费成本在预防损害发生上；而损害极有可能发生，则行为人需要采取高度的预防措施。该理论的核心在于"被害人所受损失的同时，尚有他人受有利益，其损失并不等同于社会损失，盖因他人之所得抵销其所失"。① 持相同观点的学者如波斯纳也认为该类型损失不能获得赔偿的理由，就是它们不是社会损失。因为侵权责任法的终极目的就是尽可能地缩小社会总损失。按照这个逻辑，就是一个人遭受了经济损失通常意味着另一个人得到该利益。因此并没有引起任何社会损失。②

前述理论得到弗朗西斯的重述，并且提出了假设模型③：

1. 责任的最佳范围

责任的最佳范围，要通过法经济方法分析侵权责任，就需要明确什么是外部性（externality）。外部性是指于交易市场之外赋予第三人负担的费

---

① Bishop W. Economic Loss in Tort［J］. Oxford Journal of Legal Studies, 1982, 2（1）：1-29.

② Posner R A. Common-Law Economic Torts：An Economic and Legal Analysis［J］. arizona law review, 2006：736-737.

③ Francesco Paris, Liability for Pure Financial Loss：Revisiting the Economic Foundations of A Legal Doctrine, in Mauro Bussani & Vernon Valentine Palmer（ed.,）PURE ECONOMIC LOSS IN EUROPE, 2004：86.

用。原则上，侵权责任应确保任何特定活动所导致的全部社会成本由应负损害赔偿责任的人或其他经济代理人承担，故关注重点并不是被侵害人的损害赔偿，而是行为人于事前预期应负担的责任。从社会福利分析的角度来看，并不是每个经济外部性都和社会有关联。一个有效率的责任规则，其目标在于：应付与社会相关的外部性；减少会削弱社会福利的外部性成本。然而，有些私人外部性并不会直接或间接地导致社会成本，此时外部成本仅仅具有特定的私人效益，这类外部性成本应归类于与社会不相关的外部性。在司法系统需要行政成本的考量下，经济分析建议与社会无关的外部性的案件中，选择其他替代责任规则对于个人行为效率并无影响。在这样的案件中排除赔偿责任是具有正当理由的，盖因一个损害赔偿责任将增加法律制度的司法与行政成本，然而对涉及的当事人并未创造任何利益，是以排除赔偿责任反而能够减少事故成本的支出。为了使一个行动的社会利益净值最大化，我们必须考虑判决成本，而这需要对行动中所有可确定的外部性依照次序衡量评估，所以无论是积极外部性还是消极外部性皆要考量。有些行动虽然致使第三人受有损失，然而却可能为其他人创造利益。若法律制度目标在于为潜在行为人创造最大的行为动机，则应由两种责任体系构成：一是对于消极外部性建立积极的责任；二是对于消极的外部性承认消极的责任。站在效率的立场，于侵权行为法中建立消极责任规则与积极责任规则是同等重要的。

因此，从经济分析的角度来看，一个理想的责任范围并非是对被害人所受的全部损失负担损害赔偿责任，我们仍需考量所受的损失是否与社会相关，还需考量被害者遭受损失，社会上是否有他人因此受有利益，然后再决定是否对其予以赔偿。

2. 精神损失作为社会成本

在财产损失的案件中，行为、个人损失与社会成本之间存在紧密的关联。若一方行为造成他方之个人损失，且此个人损失完全等同于社会损失，则受损一方可依照侵权责任法获得全部之赔偿。也就是说，要减少事故的社会成本，则有效率地吓阻造成个人损失的行为是有必要的。然而，在精神损失的案件中，个人损失和社会损失并无一对一的关系，并且两者差异越来越大。所以，有可能一个行为造成个人受有损失，却对整体社会有利益。所以，当一个错误行为造成个人损失时，经济分析指出被害人不必然应就所有个人经济上的损失获得赔偿，只有当"个人损失相当于社会损失时才应获得损害赔偿"。我们面临的是个人损失可能是社会收益的来源这一难题。从经济分析的结果来看，这样的过失行为不仅不需吓阻，甚至或许会受到法律体系的鼓励或给予经济资助。换个角度来说，责任规则应根据其经济功能而施行，即对于消极外部性（如第三人遭受的损失）给予积极的责任，对于积极外部性（第三人获益）采取消极责任。抽象来说，责任规则有两项功能：一是给予被害人损害赔偿；二是给予侵权行为人经济补助。然而，这样的规则在实际生活中很难运用。按照责任的最佳范围是依据替代规则对于事故的整体社会成本所产生的影响而决定的，而这样的核心概念似乎促使经济损失规则的理论争议。有些行为只是重新分配利益与成本，并未造成任何社会成本，此时不能认为其有害于社会。若未将当事人的信赖关系与分配正义列入政策考量，则难以确定实施完全责任。若认为当行为人的行为致使财产产生不公平的移转，其须对被害者所受的损失负赔偿责任，那么基于相同的逻辑，若第三人从行为人的行为中获得非预期的利益时，行为人应可向该第三人请求该利益的价值，所以"在财富移转总和为零的案件中，于衡量受害人损失与不确定第三人之潜在利益的考量下，积极责任与消极责任发生抵消效果，据此，赋予侵权行为人的责任数额也应相当于零"。

上述侵权人的责任数额为零，并不必然意味着排除精神损失的赔偿具有正当性。此点，将在稍后论述。

3. 假设模型

首先，假设模型认为应将排除精神损失的规则，视为将责任限制于社会外部性有关的方式。据此，为了与经济分析的基础理由相一致，尝试对规则进行修正是适当的。重述这种规则，为了使其符合理想责任的经济模型，必须将私人损失区分为两类：一类是同时产生相同社会损失的个人损失；另一类是虽然个人损失产生特定个人的损害，但也产生抵消利益，以致无社会损失，且以一个理想的理论而言，若未受到赔偿的损失中含有社会成本，则在这种情况下拒绝对精神损失予以赔偿，是无效率的。是以，在精神损失的案例中，若行为人的行为产生一定的社会成本时，则行为人应就此负完全责任。这与过失责任的内涵是吻合的，即若行为人未能采取最佳的行为标准，就应对社会相关的外部性负责。

其以公式特出下列假设，X 为与社会相关的外部性（社会成本），而 D 为损害赔偿的标准①：

公式一：D = LS（X）∀X< X *

这一公式表明先前经济分析的基本规则，即当侵权行为人的预防成本小于最理想的社会成本时（X *），损害赔偿的范围应相当于社会损失（LS）。然而，如同前面所讨论的，若适用精神损失的案例中，将产生许多问题。因为在这项规则中，责任范围仅取决于社会损失，而对于被害者的私人损失（LP）则不考量。将责任与私人损失分离，可能导致过度赔偿或赔偿不足的问题。

公式二：D <LP∀LP <LS；D > LP ∀ LP>LS

根据 Bishop 的理论，若私人损失与实际社会损失间有落差，则损害赔偿范围仅限于社会损失相关联者，所以损害赔偿高于或低于受害人所受的损失，而只有当私人损失等于社会损失时，被害者才能获得完全的赔偿。若适用公式一与公式二，则会产生公式三、公式四的结果。

公式三：D < 0∀ LS < 0

这一公式描述的是消极责任的情况，即被害者反而对于侵权人须负赔偿责任，即行为人的行为虽使被害人受有个人的损失，但同时产生社会利益（LS < 0）。根据理想责任的标准，可能会支持这样的行为。或许就是因为这样的两难情形，导致迄今为止各法律制度对纯粹经济损失存在不同的

---

① Francesco Paris, Liability for Pure Financial Loss：Revisiting the Economic Foundations of A Legal Doctrine, in Mauro Bussani & Vernon Valentine Palmer（ed.，）PURE ECONOMIC LOSS IN EUROPE, 2004：86–87.

处理方法。

公式四：D = LS s. t. D > 0D ≤ LP

现在的法律制度对公式一限制较多，且是符合现有法律规定的。首先，根据现有法律的规定，对于个人损失的责任是非消极的，也就是即使行为人的错误行为为社会利益，被害人无须向行为人负担赔偿责任。另外，责任数额不应超过被害人所受损失的范围，也就是不应发生过度赔偿的问题。

因此我们可以通过弗朗西斯提供的模型得出一个精神损害赔偿责任规则作为参考：公式一中个人损失与社会损失一致，所以不适用排除赔偿精神损失的规则，应当对于被害人所受的精神损失给予全部赔偿。然而在公式二与公式三的情形中，排除赔偿精神损失的规则发挥着重要作用。公式二中排除精神损失的规则应将责任限于社会损失的部分，公式三中因无任何社会损失，所以应完全排除赔偿精神损失。公式四为社会损失大于个人损失情形。根据前述，为了达到事前有效吓阻的效果，行为人应就社会全部损失负责。然而在此种情形下，若是给予被害者相当于社会损失的赔偿，则被害者获得的损害赔偿超过真正受有的损失，而将产生过度赔偿的问题。在有些法律制度中，根据法律的一般原则，不允许被害者获得超过实际损失的赔偿，然而为达到有效的事前吓阻效果，其必须考虑其他非常规的解决办法。其中一个就是缩减损害赔偿的责任范围，使行为人预期的责任与预期的社会损失可以相连接，同时被害者所受的赔偿并未超过其实际所受损失，而社会损失与个人损失的差额，则列入支付给政府的罚款或税款中。

公式五：T = LS − LP

公式五的情形就是精神损失难解的问题之一，行为人的行为造成社会损失，然而行为的直接被害人却产生收益，于此并不适用排除赔偿精神损失的规则。必须注意的是，此类型为了经济分析理论的完整性而提出的一种假设。于此案例类型中，被害人因行为人的过失行为受益，是以其并无动机起诉请求损害赔偿，而系由承担剩余社会损失的第三人向行为人提起诉讼请求损害赔偿。在此情形中，直接被害人并未有受到个人损失（LP≤0），同时造成第三人遭受损失（LS>0）。所有第三人受有损失的总价值为 LS+｜Lp｜，然而依据有效率的责任规则，侵权行为人的责任范围仅限于社会损失的部分。于此，将面临的难题是，当第三人得就超过社会损失的部分请求赔偿时，将产生滥讼与过度吓阻的问题。但若不允许提起，则可能产生责任平衡赤字问题。因此，有以下方法可以选择：一是行为人可向直接被害人请求因过失行为受益的部分，这样，行为人可对受有损害时的第三人负全部的赔偿责任；二是设立一些标准将损害赔偿金额限制在社会损失的程度，而使收益的直接被害人保有其利益。①

综上，精神损失最大的赔偿难题在法经济分析上即为如何避免过度吓阻。而实践中，因为资讯欠缺、注意义务标准模糊（如所谓理性人的注意义务），无法对法院或当事人予以完全展现，因此，事前知悉注意义务程度时常是不精确的。许多案件直到双方进入诉讼程序时，才能显现。精确的注意义务程度，大多需要透过专家于法规中明定，或由司法判决先例形成。然而，这样的方法无法应对瞬息万变的社会活动。

因此，当行为人采取特定标准的预防行为后，并不能担保其免于损害赔偿责任，在诉讼中其所采取的注意义务程度仍有可能被认定为过低。即使根据社会理想程度给予损害赔偿，模糊的注意义务标准仍可能导致过度赔偿或赔偿不足的问题。因为行为人采取较高的预防行为，虽然得以减少预期事故的损失和降低构成过失的可能性，然而行为人同时须付出相当的预防成本。上述任一结果都可能出现在一般侵权行为的规范框架中。因此，不如以社会最理想的程度为标准，即社会损失为标准。如若损害赔偿额度超过社会损失的价值，则更可能导致过度预防的结果。

避免过度阻吓的方法很多，最简单的是除非是故意行为，否则一概否定损害赔偿的成立。若经济上损失仅涉及财富的重新分配，则这样的方式

① Francesco Paris, Liability for Pure Financial Loss: Revisiting the Economic Foundations of A Legal Doctrine, in Mauro Bussani & Vernon Valentine Palmer (ed.,) PURE ECONOMIC LOSS IN EUROPE, 2004: 88-89.

是可取的。然而，在精神损失涉及部分被害人的个人损失与部分社会相关损失的案例中，一概否定损害赔偿责任的成立，则阻吓效果无法彰显。所以，应承认损害赔偿责任的成立，其额度以社会损失的价值为限。另一种方法是一律认定损害赔偿责任成立，而将过失行为的注意义务程度降至最清楚的标准，亦即重大过失，如此一来可以避免过度吓阻的结果。采取这样的方法也使行为人更易避免损害赔偿责任的发生，也因此难以期待他采取更高的注意程度，去达到社会理想标准。总之，笔者认为若过失行为致社会损失小于个人损失的，并不必然应于损害赔偿额度中扣减。①

总之，"公正是一个社会体系最重要的价值观"。附带民事责任的范围问题，涉及社会上处于不利地位的犯罪受害人的全面保护，也关系到已经受损的社会关系是否能够被修补，以及是否能够为社会大众所认知。《刑诉解释》第 175 条在司法实践中所存在的诸多缺陷，希望最高法能够通过制定新的司法解释、对具体适用问题作出答复或颁布指南来纠正其损害赔偿的适用，从而更好地保护被害人的合法利益，促进"让当事人在每个案件中都能感到公平正义"的目的早日达成。②

4.2.5　调整替代措施与附带民事诉讼的关系

根据第 1 章对现行法的梳理可知，2021 年《刑诉司法解释》第 139 条明确规定，对于非法占有、处置被害人财产的犯罪类型，采取追缴或责令退赔措施，不再由民事诉讼制度调整，就算提起附带民事诉讼法院也不予受理。自此司法解释明确了对被害人的赔偿类型分为两类：一类是受附带民事诉讼调整的，因犯罪行为导致人身权益受到侵害而致的财产损失；另一类是司法解释规定的附带民事之诉的替代措施，即追缴或退赔调整的非

①　Dari-Mattiacci G, Schäfer Fer H B. The core of pure economic loss [J]. International Review of Law & Economics, 2007, 27 (1): 8-28.

②　田源. 刑事附带民事诉讼 "两金" 赔偿问题研究 [J]. 法学论坛, 2017, 32 (2): 120-126; 约翰·罗尔斯. 正义论 [M]. 何怀宏译. 中国社会科学出版社, 1988: 1.

法占有或处置被害人财产的损失。该种分类方法明确清晰，但是我们在前述的实证和理论分析中也发现其实际效果并未达到司法解释的目的。因此要厘清替代措施和附带民事诉讼的关系，明确责令退赔和附带民事诉讼的适用逻辑。

《刑诉司法解释》第 175 条、第 176 条明确了两点：一是被害人因犯罪人的犯罪行为所导致的人身权益被侵害或者财物被损害所致的财产损失，属于附带民事之诉的规范范围。二是对于非法占有、处置被害人财产的犯罪类型案件被害人产生的损失仅适用追缴、退赔这一附带民事诉讼的替代措施，而不能提起附带民事诉讼。除了前述分析的"财物被犯罪行为损毁的损失"可提起附带民事诉讼请求赔偿，而"非法占有、处置的财物无法恢复原状产生的损失无法提起附带民事诉讼请求赔偿"两制度存在逻辑矛盾以外，从法效力位阶上看也令人感到匪夷所思。司法解释为司法机关在解决具体案件时就某一法律适用问题所作的解释，一般不能超过法律本身进行解释，而替代措施与刑法、刑事诉讼法所规定的附带民事诉讼范围显然是相矛盾的，本文也在前面章节对其合理性、实效性进行了分析，且责令退赔规定在程序性措施内容中，但赔偿问题本质上为实体性问题，也存在适用冲突。①

因此，本书认为将被害人的赔偿范围一分为二实无必要，司法解释的二分限缩做法理论与实践都存在缺陷，应当回归到附带民事诉讼制度的原有范围，即非法占有、处置被害人财产的犯罪行为所导致的损失均能提起附带民事诉讼。且前述替代措施实证分析显示，该制度有一定的价值，主要体现在额度较低、权属明晰的财产犯罪类型当中。对于这部分案件由于涉案额度较低，且财物状况清楚明晰，在侦查阶段、审查起诉阶段，公安

---

① 注：现行法对《刑法》第 64 条替代措施的规定较为简陋，且对其性质也未予以明确，学界司法实践也未达成统一的观点。有观点认为其为一种实体上的权利类型，既具有保全功能也具有一定的惩罚功能。也有学者认为替代措施实质上为强制措施，或强制处理方法。参见郎胜. 中华人民共和国刑法修正案（8）释义 [M]. 法律出版社，2011：66-75；谢望原，肖怡. 中国刑法中的"没收"及其缺憾与完善 [J]. 法学论坛，2006，21（4）：8；张明楷. 论刑法中的没收 [J]. 法学家，2012（3）：16.

或检察机关可以直接将财物返还给被害人，或要求犯罪行为人予以赔偿，以达到提高效率、节约司法资源的制度目的，但是仅以司法便利为由剥夺被告人提起附带民事诉讼的权利是不妥当的。因为附带民事诉讼和民事诉讼是保障被害人损害赔偿得到救济的主要手段，而责令退赔的适用前提或者发挥效用最高的仅是所涉额度较低、财物状况明晰的案件类型，譬如盗窃他人手机、抢劫他人车辆等情形。但是财产类犯罪还有众多事实复杂、人数众多、涉案额度较大的犯罪类型，譬如网络集资诈骗、房屋买卖合同诈骗等。该类型案件需要对事实、证据依照程序法的规定进行调查、取证、认定，对涉案人关系进行细致厘清，对涉案总额进行统计，需要耗费大量时间，达不到司法解释设置替代措施时提高司法效率的目的。最高法也在实践中发现了问题，因此在司法解释中添加了若替代措施仍无法弥补被害人因犯罪行为所遭受的经济损失的，被害人有权另行提起民事之诉，然而这一繁复的规定不仅仅违反"一事不再理"这一基本法理，而且违背了替代措施诉讼便利这一制度设置目的，再次提起诉讼一方面拉长了纠纷时间，另一方面必然会浪费司法资源。所以，应将替代措施与附带民事诉讼的调整范围合二为一，公检法若发现涉案金额较小、权责明晰即可直接追缴、退赔给被害人并在裁判文书中载明，同时疏通被害人的附带民事之诉适用范围，不再对被害人的损失范围进行二分，只要是犯罪行为导致的财产损害，均可提起附带民事之诉，亦可单独提起民事侵权损害赔偿之诉。

4.2.6　正确处理调解与和解的关系

《刑事诉讼法》，在 2018 年修订时，在第 103 条延续了 2013 年《刑事诉讼法修正案》第 54 条，《最高法司法解释》第 153 条之规定，明确了附带民事诉讼可以进行调解。正如前面理论支撑章节所述，调解是"先民后刑"理论的制度化。根据对 C 市两级法院的系统实证分析，附带民事诉讼执行难问题已经是司法系统的顽疾，执行效果不理想势必会影响被害人的损害得偿问题，从而带来不利的社会效果。法院作为社会治理环节中的重要一环，社会治理效果也成为行政考核因素，那么会对法院审判工作的实施产生强压和挑战，"先民后刑"理念主导下的调解制度就在此种背景下诞生，其承载着政策调整和社会治理的双重合力。

1. 调解对被害人、报告人、法院策略选择的影响

与和解不同，调解处在诉讼阶段，在此阶段案件事实、证据强弱，被告、原告、法院均有一定的了解和利益衡量。法官在主导调解的过程中会以后续量刑从轻作为砝码进行主持，以加强被告人主动进行赔付，刺激其赔付到位的条件。同时以损失的弥补作为安抚被告人的手段，以此为协调量刑留有余地。此从经济学角度是理性人对自身利益最大化的选择，这也是调解作为缓解执行难问题的关键。首先，从被告人的角度，遵循法院的调解，即是给自己留有了"减刑"的协商空间，在与被害人进行协商时，可以明晓不同行为选择的不同结果，以此弥补自身信息不对称带来的风险。需要指出的是，调解这一"赔钱减刑"的政策势必会对经济状况较差的被告人造成不公平，可能会加剧其反社会心理，引发新的社会矛盾。其次，从被害人的角度，深受传统以和为贵思想的影响，自古以来各纠纷解决方式得以长期存在和发展。随着社会经济结构的变化，纠纷解决的价值理念也会发生变化，尤其是现代社会，自身逐利性加强，也为调解制度的设置提供了现实基础。调解制度的产生是基于被害人的现实理性，被害人需要缓解犯罪行为带来的经济困窘，因此经济条件较好的被害人多乐于达成调解，尽快获得赔偿，反之亦然。在图表2.7中显示C市两级法院通过调解未执行到位的比率分别为：10.55%、10.32%。5.86%；完全执行到位的比率分别为83.28%、82.75%、86.54%。通过裁判的方式结果未执行到位的比率分别为89.07%、89.92%、89.95%；全部执行到位的比率分别为3.45%、3.56%、3.45%。在C市两级法院的实证调查中可以显示出一个规律，完全执行到位的案件，以裁判方式结案的执行率仅为0.3成，远低于以调解方式结案的执行率（8.5成）。调解的执行率大大超过以裁判方式结案的执行率。在未执行的案件中，以调解方式结案的案件占平均的

0.85 成，以裁判方式结案的案件占平均的 8.5 成。通过裁判方式结案的案件执行率远不及以调解方式结案的案件。因此，C 市两级法院申请执行的附带民事诉讼案件中，能够得到有效执行的案件多为以调解方式结案的案件。这一结果无疑会对被告人的行为策略产生影响，若是不接受调解选择裁判那么就需要承担损失 8 成以上得不到执行的风险。被告人自然会在利益权衡下做出符合自身利益的最优选择，故可以看出调解制度对被害人或者其法定代理人、近亲属的激励效用较强，使得他们更愿意采用调解方式结案，但需要指出的是，原、被告双方存在较大经济社会地位差异时，被害人可能会对赔钱减刑的法院裁判产生是否公平公正的怀疑，有可能导致被害人做出选择调解的行为策略并不符合其真实意志。

当然，调解制度的适用有利于促进和谐社会的构建，但是要将其限制在合理的范围内才能将其积极效果发挥出来。首先，要重视裁判的社会效果，避免一味追求调解率、执行率而忽略了裁判对社会的示范效用；其次，被告对犯罪行为的悔罪程度、再犯可能性等因素法院在进行从轻量刑中也应纳入考量。①

2. 和解对被害人、被告人行为策略路径选择的影响

自 2002 年我国司法实务界开始探索作为"从宽处罚"依据的和解制度，到 2013 年刑法修正案对和解制度在立法上予以确认，2018 年《刑诉》第 288～290 条予以维持，最高法第 496、497、505 条，最高检第 510、511、512、513、514、515、516、520、521 条对和解制度的细化，我国的刑事和解制度体系基本成熟。和解制度的司法权威性和实际运行效果主要体现在以下几个方面：

首先，和解的适用需要满足以下条件：犯罪行为人承认自己的犯罪行为，且被害人与犯罪行为人自愿在法律规定范围内适用和解制度。与调解一样，和解制度也面临着由于犯罪行为人的经济条件不同而导致差别对待

---

① 参见左卫民. 变革时代的纠纷解决及其研究进路 [J]. 四川大学学报（哲学社会科学版），2007（2）：7；左卫民. 和谐社会背景下的刑事诉讼制度改革 [J]. 人民检察，2007（09）：3.

的问题。因此需要对"差别对待"适用前提进行一定的限制。

其次，《刑法》第288条中只对因民事争议而导致的财产、人身犯罪可能被判处3年以上有期徒刑及以下刑罚，或除了玩忽职守罪以外可能被判处7年及以下有期徒刑的过失犯罪的轻犯罪，才能适用和解制度。司法实践中存在着大量"非民间纠纷"导致的刑事案件，据学者统计截至2019年11月，某省市关于非民间纠纷引起的刑事案件共491件，其中移送审查起诉的案件为191件，其中适用和解制度的案件不足1成，① 并将该市刑事和解率较低的原因归结于刑事和解的范围规定过窄。② 非民间纠纷引起的刑事案件，往往数量较大、情节轻微，一线办案人员人数精力有限，一大部分案件无法通过刑事和解制度予以纾解，因此必然导致案件积压，办案效率、质量下降，增加司法人员的办案压力。

再次，根据《刑诉》第290条的规定，和解制度适用可能出现以下结果：第一种情形，在侦查阶段，公安机关向检察院移送审查并决定是否起诉过程之中，根据实际案件情况，提出关于犯罪人的从宽处罚的建议；第二种情形，发生在审查起诉阶段，检察机关可向法院提出从宽处罚的建议或者认为犯罪情节轻微，不需要处罚，可直接作出不起诉决定；第三种情形，在审判阶段，法院作出从轻从宽处罚的裁判。对于三个阶段如何进行和解、和解的条件、和解中达成的从轻从宽的幅度、是否可予以救济等内容未做具体规定，这就导致权力的笼子被打开，可能会诱发司法腐败。

最后，调解与和解如何协调问题。要解决两者间的协调问题，首先需要清楚两者之间的区别。第一，两者适用范围不同。和解针对的是涉民间纠纷引起的财产、人身权利轻刑类犯罪。对于调解制度而言，主要发生在因犯罪行为而引起的财产损失，被害人提起附带民事之诉的情形。调解的适用范围远远大于和解。第二，在各自的适用条件上虽然都做了规定，但是都语义模糊、设置抽象，如和解需要犯罪行为人真正认识到自身错误，

---

① 张斯雅. 我国刑事和解法律制度研究［D］. 吉林财经大学, 2020: 32.

② 陈学权. 我国重罪案件适用刑事和解面临的挑战及应对［J］. 法学杂志, 2015, 36(4): 8.

对于被害人进行诚恳悔罪，包括了积极赔偿、诚恳地就犯罪行为造成的伤害予以致歉等，以期获得被害人的宽恕或者谅解，且调解需要基于自愿且合法。第三，在实质法律效果上，和解制度根据《刑诉》第 290 条的规定，可根据具体情况，对犯罪行为人进行从宽处罚，而且在审查起诉阶段，检察机关若认为"情节轻微""不需判处刑罚"的可直接作出不起诉决定。因此和解制度对犯罪行为人的刑事责任具有一定的影响，而附带民事诉讼原则上仅对民事诉讼案件进行调解，而不涉及刑事责任，刑事诉讼法未对具体的法律效果进行规定，仅在司法解释中含糊地以"物质损失情况""悔罪表现"作为量刑考量因素，并不会对刑事责任产生影响。第四，刑事和解的适用并不以附带民事诉讼的提起为前提条件，而调解则规定在附带民事诉讼章节中，以附带民事诉讼提起为使用条件，因此调解与和解的协调问题也主要集中在附带民事诉讼过程中。有学者对附带民事诉讼总的和解和调解适用情况进行了统计，主要存在以下问题：一是法院常常将"和解""调解"予以混用，尤其是法条援引经常出现混用情况；二是多数判决当中"和解""调解"并存，常以调解为行为，和解协议为结果；三是两者的适用法律效果相同，无论是和解还是调解都得到了从轻从宽的处罚，也有免于刑事处罚的判决。[①]

因此，协调调解与和解的协调主要是在解决突破和解制度法律规定范围内的案件是否可以适用调解进行处理，譬如就故意伤害罪、故意杀人罪进行调解，实质上也是对和解制度的突破，也是调解制度泛和解化的体现，而导致这一系列问题的原因即是和解制度范围不能适应司法实践的需求，从而导致与调解制度互相弥漫、渗透的情形出现。

3. 协调调解与和解制度的具体措施

如前所述，和解与调解制度的协调问题主要是和解制度范围狭窄导致的，那么协调措施就应当集中在如何完善和解制度上。本书认为具体完善措施可以分为以下几个方面：第一，扩大和解的实现方式，"以钱赎刑"

---

① 刘蕊. 刑法中的赔偿制度研究［M］.北京：中国政法大学出版社，2018：241-243.

对于经济富足的被害人并无太大诱惑力，此时若以心灵抚慰等多手段作为和解条件更有利于促成和解的达成。在适用和解制度的时候，要根据双方当事人的具体情况选择不同的和解路径进行，譬如对于经济条件较差的被害人，可以采取传统的损害赔偿方式，对于经济条件较好的被害人，可以将加害人从事社区服务、从事公益捐款等内容加入和解促成的方式当中，在抚慰被害人的同时，也促进社会正义之实现，同时对加害人施加了一定的惩处措施。① 第二，扩大刑事和解制度的适用范围。前述已经显示狭窄的刑事和解范围抑制了其价值的实现。因此本文认为不应当对刑事和解制度的适用范围从案件类型、是否是轻罪上进行限制。譬如删除"民间纠纷"，而不是一刀切将非民间纠纷排除在刑事和解之外。又如，掩饰犯罪所得收益罪等就有机会进入和解程序中。这也符合和解制度的立法目的，即帮助被害人追回合法财产、减少损失。同时不应按照轻罪重罪来判断是否适用和解制度，无论是涉死刑案件，抑或是类似故意杀人的重罪案件，若存在和解的因素，就应当允许和解，这样也符合我国长久以来的司法实践的做法，② 且取消以轻重刑判断是否适用和解制度的标准也符合刑事法律的基本理念。一方面，其有利于安抚受害者，减少社会纠纷和执行纠纷，有利于犯罪行为人和受害人达成一致，起到定纷止争的作用，增强司法权威；另一方面，和解、调解手段在司法实践中常常被作为一种可操作性强、效率高的纠纷处理手段，随着社会经济的发展，在维护被害人权益上应当随着恢复性司法观念，不断更新解决纷争的途径，而不是机械地固守条文。③ 因此应当取消和解制度在罪行轻重上的限制，只要被害人犯罪即有刑事和解适用的解除，以此与附带民事诉讼的调解保持一致。第三，

---

① 高志刚. 回应型司法制度的现实演进与理性构建——一个实践合理性的分析 [J]. 法律科学（西北政法大学学报），2013（4）：9.
② 甄贞，郑瑞平. 刑事和解在死刑案件中之适用初探——以适用的范围与条件为中心 [J]. 法学杂志，2014，35（1）：6.
③ 参见陈光中. 刑事和解再探 [J]. 中国刑事法杂志，2010（2）：7；张德淼. 法范式之辨析与建构——简评《中国法治的范式研究：沟通主义法范式及其实现》 [J]. 河北法学，2022，40（3）：190-200.

可将《刑诉》第 288 条和解适用范围中案件类型和轻罪类型作为"情节轻微""不需要判处刑罚"的判断因素。譬如对于涉财产犯罪案件，检察机关可以结合案件的具体情况、犯罪人的悔罪表现，以及与当事人的和解程度等，对于可能判处三年以下有期徒刑的轻过失犯罪的案件，直接依据法律规定作出不予起诉的决定。

4.2.7　适度定位被害人在"认罪认罚从宽制度"中的角色

2018 年在对刑事诉讼法修改过程中，新添加了"认罪认罚从宽制度"，然而被害人在该制度中一直处于游离状态，导致了一系列如与刑事和解制度衔接不畅、纠纷解决不能达到定纷止争效果等问题。① 被害人权益保障在认罪认罚中的争议主要体现在两个方面：一是被害人在认罪认罚从宽制度中的位置边缘化。② 根据《刑事速裁案件实施办法（试行）》《人民检察院办理认罪认罚案件监督管理办法》的规定达成和解协议是进入速裁程序的前提，并未禁止通过其他方式适用认罪认罚从宽制度的可能，然而司法实践中却出现了理解偏差，将达成和解当作认罪认罚从宽程序启动的前置条件。二是，将和解与认罪认罚从宽制度混淆。2017 年《最高人民法院关于常见犯罪的量刑指导意见》否定了认罪认罚在量刑上的意旨，即认为

---

① 左卫民. 认罪认罚何以从宽：误区与正解——反思效率优先的改革主张 [J]. 法学研究，2017，39（3）：16.

② 如从 1979 年刑诉被害人为诉讼参与人，1996 年《刑诉》第 82 条将被害人正式确立为当事人。2012 年《刑诉》第 54 条、第 62 条分别增强了对被害人保护。2018 年刑诉修改确立认罪认罚从宽制度，但被害人仅具有第 173 条规定的意见表达的权利。最高法、最高检、公安部、国家安全部、司法部联合发布了 2016 年《关于在部分地区开展刑事案件认罪认罚从宽制度试点工作的办法》、2019 年《关于适用认罪认罚从宽制度的指导意见》，2019 年的指导意见对被害人的知情权、社会调查参与权等予以了具体规定，但是被害人在认罪认罚从宽制度中所处位置仍然浮于表面，具体处理规则不明确，参与度低，对结果影响力低。参见段陆平. 认罪认罚从宽制度中被害人角色的合理定位 [J]. 法治论坛，2022（3）：271-286.

和解需要与认罪认罚绑定，作为量刑的考量因素。① 以上问题会导致被害人不愿达成和解，认罪认罚从宽难以启动，或被害人由于信息不对称，无法完整表达自身意愿，导致不公平的情形出现，或者犯罪行为实施人囿于经济条件的限制，无法满足被害人的经济要求，致使和解协议无法达成，丧失从宽处罚的机会。要解决这些问题，保证司法公正，保护被害人的损害赔偿权益，就需要正确定位被害人在认罪认罚从宽制度中的位置，正确处理和解与认罪认罚从宽制度的关系。

受"恢复性司法理念"与"合作性司法理念"的影响，被害人的权利保护途径得以丰富，前者典型的代表制度为刑事和解，后者的代表制度为新增设的"认罪认罚从宽制度"。两种理念有着不同内容。恢复性司法强调被害人知情、表达、救济等的保障，效率居于次位，而合作性司法主要通过审前繁简分流，提高案件解决效率。理念的不同必然会有制度角力的存在，这也是认罪认罚从宽制度排斥被害人参与的理论原因，即对效率的追求，但是需要注意的是，两者并非是绝对对立的关系，它们之间是互补适用的关系。有学者指出，"合作性司法"本质上就存在通过认罪与和解的公力与私力的合作，如美国的刑事和解制度不仅适用于轻罪，也适用于重罪，并且在逐渐渗透至其辩诉交易之中，更加注重被害人与犯罪行为人之间的协商和达成谅解。② 当然，现行制度对被害人在认罪认罚从宽制度中的定位是受当前"人权保障"的影响，制度优先保障被追诉人的权益，且实践中对效率的追逐，致使将适用率作为绩效考核指标，然这一边缘化的定位和对效率的盲目追求，会引发诸多问题：一是，认罪认罚从宽制度并未对从宽幅度进行具体规定，赋予了司法机关较高的自由裁量权，同时通过和解制度适用认罪认罚从宽制度的启动前提是被害人同意，并与犯罪

---

① 赵恒. 认罪认罚与刑事和解的衔接适用研究［J］. 环球法律评论，2019，41（3）：15.

② 陈瑞华. 刑事诉讼的前沿问题［M］. 北京：中国人民大学出版社，2016：390-500.

行为人达成和解。然而实践中会出现一种倾向，① 即绕过被害人，从而适用从宽处理的规定，导致和解制度被架空。二是，认罪认罚从宽制度边缘化被害人的参与度，且从宽幅度未明确，留有较大的自由裁量的空间，一定程度上会催生司法腐败。② 三是，达不到定纷止争的预期效果。虽然《关于适用认罪认罚从宽制度的指导意见》（以下简称《认罪认罚指导意见》）中要求"该宽则宽，该严则严"，在认罪认罚中被害人往往是通过书面形式予以参与，未直接参与，会导致司法机关对被追诉人的悔罪程度产生偏差，那么被害人的合理诉求得不到回应，累讼、上访等问题就比较严重。

要解决上述问题就需要对被害人的地位进行妥当定位。本文认为极端地赋予被害人适用认罪认罚从宽制度的否决权是由一种极端走向了另一种极端，应当保持由检察机关来代表被害人在"认罪认罚从宽制度"中主张权益，被害人的陈述仍然主要起着证据功能，同时要重视被害人参与协商的权益，从知情权、提出意见权、异议权上予以丰富。首先，知情权方面，现行法律司法解释仅规定在审查起诉阶段检察机关对犯罪嫌疑人有认罪认罚的情形时，应当听取被害人的意见，同时司法机关有限的对被害人的释明义务也仅限于双方和解程序中。在被害人未对案件情况、被追诉人有一定了解的时候要求被害人提出意见无疑是不现实的。法律应当细致化进行规定，公安机关、司法机关在适用"认罪认罚从宽制度"的关键时点应当以书面形式定期向被害人释明相关法律信息、被追诉人信息、量刑建议、进展，以及可能的结果等。其次，从被害人发表意见的权利保障来看，现行《刑诉》《认罪认罚指导意见》虽然明确了"应当"听取被害人的意见，但是未对具体程序作出具体规定，且适用范围狭窄，仅规定在审查起诉阶段予以适用。因此应当扩大被害人在认罪认罚适用的刑事诉讼的

---

① 参见张素敏. 被害人参与认罪认罚从宽制度的困境与出路——以 H 省 Z 市两级法院司法适用现状为样本 [J]. 山东警察学院学报，2020，32（1）：8.

② 参见左卫民. 认罪认罚何以从宽：误区与正解——反思效率优先的改革主张 [J]. 法学研究，2017，39（3）：16.

各个阶段，如侦查、审查起诉、审判阶段均有权利发表意见。被害人作为认罪认罚制度效果的承受者，且是权益减损的承受者，理应拥有对自己权利的决定权。法律不应当设置门槛，在导致被害人被迫缄默的情况下，对被追诉人作出从轻量刑的判断。因为在被害人缺位的交流下，容易使对被追诉人的认罪认罚产生偏差，增加审查难度，从而作出从宽误判，不利于被害人权益保障，也不利于预防、惩罚犯罪、抚慰被害人的目的实现。最后，从被害人异议权的角度来看，现行《认罪认罚指导意见》明确规定被害人的异议对"认罪认罚从宽制度"的适用不产生影响。这样无异于是架空了被害人的异议权，同时既然无影响，那么必然间接剥夺了被害人的异议启动权。本文认为该指导意见对异议权的规定并不妥当，应当赋予被害人异议一定的法律效力，且应当明确被害人异议提出的范围、方式、后续处理规则。以此避免后续程序对被害人带来二次伤害，保障刑事程序能够顺畅运行。

第 5 章 结　论

　　本研究主要以附带民事诉讼赔偿范围为切入点，通过文献梳理、实证分析等方式，探讨我国刑事被害人赔偿权的多维度保护路径，本章综合归纳研究趋势、总结多维度路径完善建议，以及本书的研究限制与未来发展方向。

　　1. 研究趋势

　　就研究趋势而言，通过对域外被害人保护状况的梳理，与我国的现行规范进行比较，可以发现一些被害人赔偿权研究的趋势：（1）大多数国家都对被害人权益保护进行了专门立法，譬如将其定位为基本权利提升至宪法层面的，如美国。我国对于被害人权益的保护，虽然对损害赔偿有一定规范但是体系化程度不强，保护方式较为单一。（2）社会力量与政府共同构筑被害人保护网络，如美国的全国性被害人扶助组织、日本的被害人救助网等，重视对民间力量的动员。（3）被害人保护专业机制引入，如美国的危急情况的帮助制度、日本的被害人帮助官等即为被害人提供法律、心理上的专业咨询与安慰，同时不断进行相关辅助人员的专业化训练，美国有开设专门的课程，日本则要求警务人员必修。（4）保护范围扩大，与我国限缩附带民事诉讼的赔偿范围不同，其他国家对被害人的保护不再仅限于物质损失的弥补，将精神损害、精神修复、社会生活重建也纳入保护体系予以规制。（5）前述制度的发展都依赖于"修复正义"观的发展，由重刑罚转向修复、调解，如将被害人的修复制度纳入政府财政计划予以经费保障，构建国家补偿制度，引入民间组织予以参与等。

2. 总结多维度路径完善建议

本书在第 2 章对我国刑事被害人赔偿权益保护现状从实然角度进行了分析，从被害人赔偿权保护的主要方式——附带民事诉讼制度入手，比较分析了其替代措施在司法实践中的实施情况，以及后续执行情况，得出了以下 5 个结论：

（1）附带民事诉讼提起率的提高并不是司法解释限缩附带民事诉讼提起范围的充足理由。在司法解释实施以前附带民事诉讼的提起率也在按照 1% 左右的比率逐年提升，但是在法律层面并未对其进行限制，因此最高法的做法与全国人大及其常委会的立法预期相违背。

（2）限制附带民事诉讼提起的范围并无合理性与必要性，司法解释将侵犯财产权利类案件排除在附带民事诉讼范围之外，然而在所统计的 C 市两级法院的案件中，被限制的财产权利类别案件逐年下降，而侵犯人身和侵犯人身、财产混合类犯罪比率逐年上升，并未达到通过限制特定案件类别扼制附带民事诉讼提起率的目的。

（3）替代措施相较附带民事诉讼制度具有一定的效用，一定程度上保障了刑事程序的顺利推进，但在是否比附带民事诉讼制度更利于保护被害人损害赔偿权益上还有待商榷。替代措施在实际适用过程中适用率较附带民事诉讼要高，通过附带民事诉讼实现赔偿的意愿较低，但是替代措施本身具有无可避免的缺陷，其适用范围决定了该替代措施不能容纳所有的因犯罪行为导致的物质损失，在案件统计中仍然有半数以上的案件物质损失并未得到有效获赔。认为替代措施的实际效果比附带民事诉讼制度更优的观点稍显草率，且替代措施适用的犯罪类型为非法占有他人财物的盗窃罪、抢劫罪，在进入执行阶段后，大多犯罪者已经将获得的财物挥霍一空，致使空判概率大幅提升。替代措施发挥效用的主要集中在侦查阶段，在审查起诉阶段、审判阶段发挥效用并不理想，并不能达到完全替代附带民事诉讼制度减少争讼、提高诉讼效率的预期。

（4）对附带民事诉讼执行情况分别从具体案件类型、结案方式方面进行了考察，附带民事诉讼案件申请执行的圆满度较低，未达到执行目的的占比高达 80%。通过对司法解释限制前后申请执行的案件类型进行统计，主要集中在人身伤害的犯罪类别之中，并无限制附带民事诉讼范围的必要。在结案方式上，调解结案的执行率远高于裁判结案的案件，但是重调解轻裁判的趋势也使司法改革的前路出现了隐忧。

（5）对于替代措施的救济与执行的实然情况进行了总结，即被害人相较于附带民事诉讼，更愿意通过替代措施寻求损害救济，也从侧面反映了司法实践限制附带民事诉讼范围并无必要，因为从实践效果来看，被害人对非法占有类的案件主张赔偿的积极性本身就不高。在替代措施实施阶段，民事诉讼制度中的保全措施无法施展，这是替代措施天生的缺陷。不追究犯罪行为人的实际经济状况，一律作出替代措施的裁判，往往导致被害人的获赔率极低，后续又通过其他途径予以解决，并未达到节约司法资源的目的，且进入执行阶段的替代措施案件较少，执行人员对替代措施的了解不够透彻，加之无具体程序性规则予以规范，必然会影响执行积极性，且由于在审查起诉阶段、审判阶段无保全措施，导致就算进入执行程序，也无财产可供执行，此时犯罪行为人已经被收监，也无经济来源。

第 2 章的实然层面分析为我们大致描绘出了我国刑事被害人保护现状，即我国司法解释限制附带民事诉讼适用范围并未建立在司法实践的经验基础上，且因果关系空置，附带民事诉讼案件比率的上升并不是所限制的犯罪类别导致，并无法达到预期的法律效果。同时，被害人权益保障的不足是多方面作用的结果，如法院不受理、被害人不主张、程序性规定不完善、被害人未获及时通知等。限制附带民事诉讼的范围不仅仅未达到保障被害人损害赔偿权益的目的，反而缩减了被害人获得救济的途径，超越了司法解释应具备的功能，有违法学的基本原理要求，故应当对被害人的保护理论进行修正，重构被害人损害赔偿权刑事路径：

（1）树立修复争议的被害人保护理念，在为被害人营造良好的修复制度环境的同时，提供犯罪行为人与被害人修复双方关系的机制，如通过和解、调解、教育等制度联结两者之间的关系。

（2）纵观各国都有建立被害人权利保障专门法规的趋势，专门法规范势必要比零散的法律规范更加周全、具体。我国对被害人的保护无论是实体规范还是程序性的保障措施都力有不逮，最终导致执行难问题，因此在法律构建上，可以制定专门的被害人保护法，以更细致地保护被害人的权益。

（3）建立多主体参与的被害人保障机制，建立国家补偿制度、被害人社会组织制度、专业人员被害人扶助制度等，并且将多主体制度构建纳入财务规划，建立具有我国特色的被害人多主体保护制度。

（4）从具体制度上完善我国犯罪行为人的财产保全制度，譬如在出现申请保全的刑事案件不起诉、被终止的情形时，直接将附带民事诉讼移送至民事法庭，而无须当事人再次起诉。完善刑事案件涉财产部分执行问题，将调查犯罪人的财产状况权力赋予公安司法机关，避免陷入取证难、执行难的问题。构建我国的先予执行制度，而不是一律将其从附带民事诉讼中予以排除，可以通过实施细则细化附带民事诉讼中的启动条件，以及相应的担保措施。

（5）取消司法解释对被害人赔偿范围的限制，将赔偿路径的选择权利交还给被害人，并且适当将精神损害赔偿纳入保护范围，以矫正财产权益受到保护，而对被害人创伤更大的精神损害却不受到保护的制度设计矛盾，也是实现修复正义观的必然趋势。

（6）正确处理替代措施与附带民事诉讼的关系，取消对两者的二分。对被害人因犯罪行为遭受的损失，无论是人身伤害还是财产损失均可提起赔偿请求之诉。正确处理和解与调解的关系，明确两者适用范围、条件、法律效果上的不同。扩大和解的实现方式，将社区服务等内容列入实现途径之中，而不再限于物质损失赔偿一种方式。取消以轻重刑判断是否适用和解的判断标准，充分利用和解、调解这一机动性高、可操作性强的纠纷处理手段，秉持恢复性司法理念，灵活地多维度解决纷争。正确处理认罪认罚从宽制度中被害人的地位问题，赋予被害人参与协商的权利，丰富和保障被害人的知情权、提出意见权、异议权等。

（7）最后要促进被害人保护的专业化发展，建立健全被害人社会救助组织的管理规定，大力发展被害人保护研究，向职业化、专业化进行布局，加强对被害人救助辅助人员的培训机制构建与推动，同时加强对刑事司法人员的培训，将被害人保护课程纳入绩效考核。

3. 本书的研究限制与未来发展方向

本文在资料收集、样本选取的过程中也存在着诸多的不足。首先，被害人保护研究对象选取具有局限性。本书主要以附带民事诉讼制度为切入点展开研究，但是对各国现在大力推进的政府救助、社会团体救助制度等涉及不多，因此切入点选取的单一性，也就决定了本研究范围的局限性。其次，在被害人保护途径上，并不仅限于附带民事诉讼的提请与执行，也不仅限于法律的保护。纵观各国被害人保护情况，主要涉及法律、心理、社工三大类别。其中法律部分就包括了法律救助、调查协助、安全保护等。除心理服务外，还涉及内容丰富的社工服务类别：安置收容、医疗救助、心理生活重建、紧急救助等。这些救助途径的多样性，必然汇集着更多的被害人救助事项，然而本书研究仅仅涉及了法律类别的一个层面，对被害人繁多的其他保护事项难以面面俱到。最后，前述现有研究的不足也为本研究的深入展开提供了些许思路：（1）除了对被害人的人身伤害、财产损失进行修复以外，被害人所遭受的心理创伤在法律上如何予以保护，也是值得进一步研究的问题。（2）被害人的各种保护事项如心理、国家补偿救助、社区帮扶、医疗等配套的法律措施如何，各个事项之间如何影响，内在和外在动因如何等，都需要耗费大量的时间和精力去深入研究与整合。每个被害人的保护事项即为未来研究的一个主题，也值得学界进行深入的探索研究，以期构建不断完善的社会治理视域下的被害人权益多维度保护体系。

参考文献

[1] Hans-Jurgen Kerner. 德国犯罪被害人地位之强化——综览刑事政策、刑法、刑事诉讼以及实务领域之最新发展 [J]. 连孟琦译. 月旦刑事法评论, 2017 (9): 23.

[2] 安部哲夫. ドイツにおける被害者学の生成と発展 [J]. 被害者学研究, 1996 (3): 108-110.

[3] 宾凯. 法律如何可能: 通过"二阶观察"的系统建构——进入卢曼法律社会学的核心 [J]. 北大法律评论, 2006 (1): 353-380.

[4] 陈彬. 由救助走向补偿——论刑事被害人救济路径的选择 [J]. 中国法学, 2009 (2): 11.

[5] 陈光中, 肖沛权. 刑事诉讼法修正草案: 完善刑事诉讼制度的新成就和新期待 [J]. 中国刑事法杂志. 2018 (3): 3-14.

[6] 陈光中. 刑事和解再探 [J]. 中国刑事法杂志, 2010 (2).

[7] 陈瑞华. 刑事附带民事诉讼的三种模式 [J]. 法学研究, 2009 (1): 18.

[8] 陈瑞华. 刑事诉讼的私力合作模式 [J]. 中国法学, 2006 [5]: 15-30.

[9] 陈少青. 权利外观与诈骗罪认定 [J]. 法学家, 2020 (2): 18.

[10] 陈少青. 刑民交叉实体问题的解决路径——"法律效果论"之展开 [J]. 法学研究, 2020, 42 (4): 19.

[11] 陈伟. 先民后刑, 宽严相济: 繁峙刑事审判最大限度增加和谐因

素 [N]. 人民法院报, 2008-09-17 (04).

[12] 陈卫东, 柴煜峰. 刑事附带民事诉讼制度的新发展 [J]. 华东政法大学学报, 2012 (5): 9.

[13] 陈兴良. 刑民交叉案件的刑法适用 [J]. 法律科学 (西北政法大学学报), 2019 (2): 9.

[14] 陈学权. 论死亡赔偿金在我国刑事附带民事诉讼中的适用 [J]. 法学杂志, 2013, 34 (8): 10.

[15] 陈学权. 我国重罪案件适用刑事和解面临的挑战及应对 [J]. 法学杂志, 2015, 36 (4): 8.

[16] 褚玉龙. 对最高人民法院《关于刑事附带民事诉讼范围问题的规定》的一点质疑 [J]. 律师世界, 2001 (4): 32-33.

[17] 大谷实. 犯罪被害人及其补偿 [J]. 黎宏译. 中国刑事法杂志, 2000 (2): 6.

[18] 丹尼尔·W·凡奈思. 全球视野下的恢复性司法 [J]. 王莉译. 南京大学学报, 2005 (4): 130-136.

[19] 单其满. 刑事附带民事诉讼赔偿范围探析 [J]. 学理论, 2013 (35): 122-123.

[20] 段陆平. 认罪认罚从宽制度中被害人角色的合理定位 [J]. 法治论坛, 2022 (3): 271-286.

[21] 盖燕. 对附带民事诉讼的本质特征及赔偿原则的再认识 [J]. 青岛行政学院学报, 2001 (5): 151-152.

[22] 高铭暄, 陈冉. 论"诉讼欺诈"行为的定性——与"诉讼欺诈定性诈骗罪论者"商榷 [J]. 法学杂志, 2013 (4): 1-18.

[23] 高铭暄, 张海梅. 论赔偿损失对刑事责任的影响 [J]. 现代法学, 2014 (4): 111-120.

[24] 高向武. 附带民事诉讼研究 [D]. 北京: 中国政法大学, 2007.

[25] 高志刚. 回应型司法制度的现实演进与理性构建——一个实践合理性的分析 [J]. 法律科学 (西北政法大学学报), 2013 (4): 9.

［26］广东佛山市中级人民法院课题组. 刑事附带民事诉讼案件审理与执行情况的调查报告［J］. 法律适用，2008（7）.

［27］胡良平，陈满生. 附带民事诉讼程序检讨［N］. 法制日报，2003-01-11（1）.

［28］胡学相，甘莉：我国刑事被害人民事赔偿权的缺陷与完善［J］. 法治研究，2016（4）：78-88.

［29］加藤一郎. 法解釈学における論理と利益衡量（ホウカイシャクガク ニオケル ロンリ ト リエキ コウリョウ）［A］. 碧海純一. 現代法学の方法（岩波講座現代法，15）［C］. 东京：岩波書店，1966. 2-11.

［30］加藤一郎. 民法的解释与利益衡量：民商法论丛：第2卷［G］. 梁慧星译. 北京：法律出版社，1994：74-95.

［31］江必新，胡云腾，王轶. 刑行民交叉疑难问题研究［J］. 中国法律评论，2021，42（6）：1-23.

［32］江苏高级法院. 关于刑事附带民事诉讼若干问题的研究［J］. 刑事审判要览，2004（5）：32-40.

［33］江伟，范跃如. 民事行政争议关联案件诉讼程序研究［J］. 中国法学，2005（3）：165-173.

［34］焦洪昌. 论作为基本权利的健康权［J］. 中国政法大学学报，2010（1）：8.

［35］解亘，班天可. 被误解和被高估的动态体系论［J］. 法学研究，2017，39（2）：41-57.

［36］康玉梅. 刑事附带民事诉讼的赔偿范围探讨［J］. 湖北社会科学，2012（4）：160-164.

［37］来栖三郎. 法の解釈適用と法の遵守［J］. Journal of the Jurisprudence Association，1950：16-37；来栖三郎. 法の解釈と法律家［J］. 私法，1954：16-25.

［38］李国民. 杜绝"法律白条"，"赔偿从轻"不是办法［N］. 检察日报，2007-02-01（1）.

［39］李丽. 涉嫌交通肇事犯罪案件先民后刑探析［J］. 长治学院学报，2010（3）：11-12.

［40］李强国. 人民法院不应限制刑事附带民事诉讼受案范围［N］. 江苏公安专科学校学报，2001（3）：94-98.

［41］廖中洪. 论刑事附带民事诉讼制度的立法完善［J］. 现代法学，2005（1）：145-150.

［42］林裕顺. 人民不再检察擅断［J］. 司法改革，2011（84）：11.

［43］刘东根. 刑事责任与民事责任功能的融合——以刑事损害赔偿为视角［J］. 中国人民公安大学学报（社会科学版），2009（6）：127-133.

［44］刘璐. 刑事附带民事诉讼物质损失赔偿范围研究［J］. 人民检察，2003（6）：23-26

［45］刘青峰. 何以刑事附带民事诉讼判决几乎不能执行［J］. 法制资讯，2008（2）：45-48.

［46］刘少军. 论"先民后刑"刑事附带民事诉讼程序的构建——兼论《刑事诉讼法修正案》对附带民事诉讼制度的改革［J］. 政治与法律，2012（11）：10.

［47］吕丁旺. 检察权论——以检察权的司法属性为中心［D］. 中国台湾：中正大学法律研究所，2011：20-26.

［48］毛煜焕. 修复性刑事责任的价值与实现［D］. 上海：华东政法大学，2015.

［49］牛锋. 民刑法关联问题研究［D］. 吉林：吉林大学，2011.

［50］庞君淼. 刑事附带民事诉讼制度存在价值的质疑［J］. 中国刑事法杂志，2004（5）：73-79.

［51］平井宜雄.「議論」の構造と「法律論」の性質"［J］. 法律学基礎論の研究. 有斐閣，2010（12）：63-89.

［52］平井宜雄. 戦後法解釈論の批判的考察［J］. 法律学基礎論の研究. 有斐閣，2010（12）：113-115.

［53］上官丕亮. 论宪法上的生命权［J］. 当代法学，2007，21（1）：6.

[54] 邵晓顺. 不同类别犯罪人犯罪心理调查研究——以 Z 省监狱服刑罪犯为样本 [J]. 公安学刊, 2020 (5)：77-86.

[55] 申莉萍. 我国犯罪被害人损害救济法律问题研究 [D]. 重庆：西南政法大学, 2012.

[56] 苏侃. 犯罪民事责任制度质疑——兼对我国刑法功能暨刑事责任制度的反思 [J]. 中国刑事法杂志, 2012 (6)：29-33.

[57] 苏忻. 刑事被害人损害赔偿权保护研究 [D]. 吉林：吉林大学, 2015.

[58] 孙盈. 相斥抑或互补：追缴退赔中刑民程序衔接机制研究：司法体制综合配套改革与刑事审判问题研究——全国法院第 30 届学术讨论会获奖论文集 [C]. 北京：国家法官学院科研部, 2019：240-251.

[59] 田源. 刑事附带民事诉讼"两金"赔偿问题研究 [J]. 法学论坛, 2017, 32 (2)：7.

[60] 王充. 刑民交叉三论 [J]. 华东政法大学学报, 2021, 24 (6)：17-27.

[61] 王中学, 高曙光. 博兴"立体调解"模式妥处家庭纠纷 [N]. 人民法院报, 2010-05-08 (5).

[62] 王忠义. 我国环境资源刑事附带民事诉讼探悉 [J]. 法律适用, 2019 (15)：115-122.

[63] 吴江. 美国刑事赔偿令的立法和司法实践 [J]. 中国刑事法杂志, 2011 (3)：115-121.

[64] 肖怡.《刑法修正案（九）》虚假诉讼罪探析 [J]. 法学杂志, 2016 (10)：24-31.

[65] 谢望原, 肖怡. 中国刑法中的"没收"及其缺憾与完善 [J]. 法学论坛, 2006, 21 (4)：8.

[66] 张明楷. 论刑法中的没收 [J]. 法学家, 2012 (3)：16.

[67] 谢佑平, 江涌. 质疑与废止：刑事附带民事诉讼 [J]. 法学论坛, 2006 (2)：57-67.

［68］谢佑平. 论以审判为中心的诉讼制度改革——以诉讼职能为视角［J］. 政法论丛, 2016（5）：109-115.

［69］谢佑平. 论以审判为中心的诉讼制度改革——以诉讼职能为视角［J］. 政法论丛, 2016（5）：7.

［70］星野英一. 民法の解釈のしかたとその背景（上下）［J］. 法学教室：95、97 号. 有斐閣, 1988.

［71］星野英一. 民法解釈論序説［J］. Annual of Legal Philosophy, 1968：77-119.

［72］徐安住. 论刑事司法没收［J］. 学海, 1998（4）：48-52.

［73］薛剑祥. 关于刑事自诉和附带民事诉讼案件调解情况的调研报告：刑事审判要览［G］. 北京：法律出版社, 2005.

［74］薛勇. 刑事附带民事调解对量刑的影响［N］. 人民法院报, 2009-07-10（7）.

［75］颜厥安. 法、理性与论证——Robert Alexy 的法论证理论［J］. 浙江大学法律评论, 2003（6）：3-60.

［76］杨会新. 刑事被害人民事权益保护目标的回归［J］. 北京：中国刑事法杂志, 2011（9）：58-64.

［77］杨忠民. 刑事责任与民事责任不可转换——对一项司法解释的质疑［J］. 法学研究, 2002（4）：131-137.

［78］姚莉, 詹建红. 刑事程序选择权论要——从犯罪嫌疑人、被告人的角度［J］. 法学家, 2007（1）：137-143.

［79］袁辉. 责令退赔空判现象实证研究——以 L 市两级法院刑事判决为中心的考察［J］. 法律适用, 2015（5）：88-92.

［80］张德淼. 法范式之辨析与建构——简评《中国法治的范式研究：沟通主义法范式及其实现》［J］. 河北法学, 2022, 40（3）：190-200.

［81］张金海. 对附带民事诉讼案件可考虑诉前财产调查［N］. 检察日报, 2008-10-6（10）.

［82］张利春. 关于利益衡量的两种知识——兼行比较德国、日本的民

法解释学 [J].法制与社会发展, 2006 (5): 110-117.

[83] 张明楷.虚假诉讼罪的基本问题 [J].法学, 2017 (1): 152-168.

[84] 张斯雅.我国刑事和解法律制度研究 [D].吉林财经大学, 2020: 32.

[85] 张素敏.被害人参与认罪认罚从宽制度的困境与出路——以 H 省 Z 市两级法院司法适用现状为样本 [J].山东警察学院学报, 2020, 32 (1): 8.

[86] 张卫平.民刑交叉诉讼关系处理的规则与法理 [J].法学研究, 2018 (3).

[87] 张文显.人权保障与司法文明 [J].中国法律评论, 2014 (2): 4.

[88] 张新宝.《侵权责任法》死亡赔偿制度解读 [J].中国法学, 2010 (3): 15.

[89] 张新宝.设立大规模侵权损害救济（赔偿）基金的制度构想 [J].法商研究, 2010, 27 (6): 23-27.

[90] 赵国玲.被害人补偿立法的理论与实践 [J].法制与社会发展, 2002 (3): 104-110.

[91] 赵恒.认罪认罚与刑事和解的衔接适用研究 [J].环球法律评论, 2019, 41 (3): 15.

[92] 甄贞, 郑瑞平.刑事和解在死刑案件中之适用初探——以适用的范围与条件为中心 [J].法学杂志, 2014, 35 (1): 6.

[93] 郑丁足.附带民事诉讼制度存废探讨 [J].内蒙古师范大学学报. 2002 (2): 4.

[94] 周光权."刑民交叉"案件的判断逻辑 [J].中国刑事法杂志, 2020 (3): 18.

[95] 庄乾龙.刑事案件中大数据整合行为定性及其适用规则 [J].法学杂志, 2020, 41 (12): 44-54.

[96] 左卫民.变革时代的纠纷解决及其研究进路 [J].四川大学学报

（哲学社会科学版），2007（2）：7.

［97］左卫民. 和谐社会背景下的刑事诉讼制度改革［J］. 人民检察，2007（09）：3.

［98］左卫民. 认罪认罚何以从宽：误区与正解——反思效率优先的改革主张［J］. 法学研究，2017，39（3）：16.

［99］曾世雄. 损害赔偿法原理［M］. 中国政法大学出版社，2001.

［100］陈光中. 刑事诉讼法学［M］. 北京：中国政法大学出版社，1996.

［101］陈瑞华. 刑事诉讼的前沿问题［M］. 北京：中国人民大学出版社，2016.

［102］陈瑞华. 刑事诉讼中的问题与主义［M］. 中国人民大学出版社，2013：338.

［103］陈卫东. 中国刑事诉讼法［M］. 北京：法律出版社，1998.

［104］陈卫东. 中国刑事诉讼权能的变革与发展［M］. 北京：中国人民大学出版社，2018.

［105］陈晓明. 修复性司法的理论与实践［M］. 北京：法律出版社，2006.

［106］程滔. 刑事被害人的权利及其救济［M］. 北京：中国法制出版社，2011.

［107］大谷实. 刑事政策学［M］. 黎宏译. 北京：中国人民大学出版社，2009.

［108］樊崇义. 刑事诉讼法学［M］. 北京：中国政法大学出版社，2013.

［109］高铭暄. 中华人民共和国刑法的孕育诞生和发展完善［M］. 北京：北京大学出版社，2012.

［110］汉斯·约阿西德·施耐德. 国际范围内的被害人［M］. 许章润译. 北京：中国人民公安大学出版社，1992.

［111］胡凯成. 刑事诉讼法［M］. 中国台湾：三民书局，1983.

［112］江必新. 关于适用《中华人民共和国刑事诉讼法》的解释理解与适用［M］. 北京：法律出版社，2013.

［113］黄东熊，吴景芳. 刑事诉讼法论［M］. 中国台湾：三民书局，2002.

［114］黄茂荣. 法学方法与现代民法［M］. 北京：法律出版社，2013.

［115］卡尔·拉伦茨. 法学方法论［M］. 陈爱娥译. 北京：商务印书馆，2003.

［116］卡斯东·斯特法尼. 法国刑事诉讼法精义（上）［M］. 罗结珍译. 北京：中国政法大学出版社，1998.

［117］康德. 道德形而上学［M］. 北京：中国人民大学出版社，2013.

［118］郎胜. 中华人民共和国刑法修正案（8）释义［M］. 北京：法律出版社，2011.

［119］李斯特. 德国刑法教科书［M］. 徐久生译. 北京：法律出版社，2000.

［120］理查德·瓦瑟斯特罗姆. 法官如何裁判［M］. 孙海波译. 北京：中国法制出版社，2016.

［121］梁上上. 利益衡量论［M］. 法律出版社，2013.

［122］林达. 近距离看美国之一：历史深处的忧虑［M］. 上海：生活·读书·新知三联书店，1997.

［123］刘金友，奚玮. 附带民事诉讼原理与实务［M］. 北京：法律出版社，2005.

［124］刘蕊. 刑法中的赔偿制度研究［M］. 北京：中国政法大学出版社，2018.

［125］马克昌. 比较刑法原理［M］. 武汉：武汉大学出版社，2002.

［126］南英，高憬宏. 刑事审判方法［M］. 北京：法律出版社，2013.

［127］山口厚. 刑法总论［M］：第3版. 东京：有斐阁，2016：46.

［128］邵晓顺. 犯罪个案研究与启示［M］. 北京：群众出版社，2013.

［129］松宫孝明，钱叶六. 刑法总论讲义［M］. 4版补正版. 北京：中

国人民大学出版社，2013.

[130] 唐文胜. 犯罪损害赔偿研究 [M]. 北京：中国人民公安大学出版社，2010.

[131] 汪建成. 刑事诉讼法学概论 [M]. 北京大学出版社，2001.

[132] 王爱立. 中华人民共和国刑事诉讼法修改条文解读 [M]. 北京：中国法制出版社，2018.

[133] 王承晔. 刑事附带民事诉讼制度改革探析 [M]. 上海：复旦大学，2011.

[134] 王玮. 刑事附带民事诉讼范围实证研究——以 S 省 H 市两级法院为例 [M]. 北京：法律出版社，2019

[135] 王一俊. 刑事和解 [M]. 北京：中国政法大学出版社，2010.

[136] 吴明轩. 中国民事诉讼法（上） [M]. 中国台湾：三民书局，2004.

[137] 许福生. 犯罪被害人保护之政策与法制 [M]. 中国台湾：新学林出版社，2013.

[138] 杨日然. 法理学 [M]. 中国台湾：三民书局股份有限公司，2005.

[139] 汪建成. 外国刑事诉讼第一审程序比较研究 [M]. 北京：法律出版社，2007：165-167.

[140] 叶青. 刑事诉讼法学 [M]. 上海：上海人民出版社，2020：290.

[141] 易延友. 刑事诉讼法 [M]. 北京：法律出版社，2013.

[142] 易延友. 刑事诉讼法：规则、原理、应用 [M]. 5 版. 北京：法律出版社，2019.

[143] 元史·刑法志 [M]. 北京：中华书局，1976：2687.

[144] 约翰·罗尔斯. 正义论 [M]. 何怀宏译. 北京：中国社会科学出版社，1988：1.

[145] 张明楷. 刑法学 [M]. 5 版. 北京：法律出版社，2020.

[146] 祝铭山. 中国刑事诉讼法教程 [M]. 北京：中国政法大学出版社，1998.

［147］Hans-Jurgen Kerner. 德国刑事追诉与制裁［M］. 许泽天，薛智仁译. 中国台湾：元照出版社，2008：40-49.

［148］Bard M. The role of law enforcement in the helping system［J］. Community Ment Health J, 1971, 7 (2)：151-160.

［149］Bishop W. Economic Loss in Tort［J］. Oxford Journal of Legal Studies, 1982, 2 (1)：1-29.

［150］C Leeson. "MARGERY FRY."［J］. Howard Journal of Criminal Justice, 2010, 2 (2)：85-87.

［151］Dari-Mattiacci G, Schäfer Fer H B. The core of pure economic loss［J］. International Review of Law & Economics, 2007, 27 (1)：8-28.

［152］David, Miers. Offender and state compensation for victims of crime［J］. International Review of Victimology, 2014, 20 (1)：145-168.

［153］Davis R C, Mulford C. Victim Rights and New Remedies［J］. Journal of Contemporary Criminal Justice, 2008.

［154］Feinman J M. Doctrinal Classification and Economic Negligence［J］. San Diego L. rev, 1996.

［155］Parisi, Francesco, Liability for Pure Financial Loss：Revisiting the Economic Foundations of a Legal Doctrine. LIABILITY FOR PURE ECONOMIC LOSS IN EUROPE：FRONTIERS OF TORT LAW, M. Busani, V. Palmer, eds., Cambridge University Press, 2003, George Mason Law & Economics Research Paper No. 01-21, Available at SSRN：https：//ssrn. com/abstract = 279731 or http：//dx. doi. org/10. 2139/ssrn. 279731.

［156］Kirchhoff G F, Sessar K. Das Verbrechensopfer：ein Reader zur Viktimologie［J］. 1979.

［157］Kratcoski P C. The Criminal Justice System in Transition：Assisting Victims of Crime［J］. Springer International Publishing, 2017.

［158］Latimer, J. The Effectiveness of Restorative Justice Practices：A Meta-Analysis［J］. The Prison Journal, 2005, 85 (2).

［159］ Martin W. Repair or Revenge: *Victims and Restorative Justice.* By Heather Strang. Oxford: Clarendon Press, 2002, 298 pp. ［J］. British Journal of Criminology （2）: 2.

［160］ Posner R A. Common－Law Economic Torts: An Economic and Legal Analysis ［J］. arizona law review, 2006: 736-737.

［161］ Safferling, Christoph J M. Das Opfer vlkerrechtlicher Verbrechen: Die Stellung der Verbrechensopfer vor dem Internationalen Strafgerichtshof ［J］. Zeitschrift Für Die Gesamte Strafrechtswissenschaft, 2003, 115 （2）.

［162］ The 2022 National Crime Victims´ Rights Week （NCVRW） Resource Guide.

［163］ Umbreit M S, Greenwood J. National survey of victim offender mediation programs in the United States ［J］. Mediation Quarterly, 2010, 16 （3）.

［164］ Witting C. Duty of Care: An Analytical Approach ［J］. Oxford Journal of Legal Studies, 2005, 25 （1）: 33-63.

［165］ Doctrine, in Mauro Bussani & Vernon Valentine Palmer （ed.,） PURE ECONOMIC LOSS IN EUROPE, 2004.

［166］ Robert Elias. Victims of the System: Crime Victims and Compensation in American Politics and Criminal Justice. Routledge, 2017.